学生技能培训与学生管理

郑建辉　刘　虹　胡礼文　著

汕头大学出版社

图书在版编目（CIP）数据

学生技能培训与学生管理 / 郑建辉，刘虹，胡礼文
著. -- 汕头：汕头大学出版社，2023.1
ISBN 978-7-5658-4921-3

Ⅰ．①学… Ⅱ．①郑… ②刘… ③胡… Ⅲ．①学生－
学校管理－研究 Ⅳ．①G47

中国国家版本馆CIP数据核字（2023）第021797号

学生技能培训与学生管理
XUESHENG JINENG PEIXUN YU XUESHENG GUANLI

作　　者：郑建辉　刘　虹　胡礼文
责任编辑：邹　峰
责任技编：黄东生
封面设计：乐　乐
出版发行：汕头大学出版社
　　　　　广东省汕头市大学路243号汕头大学校园内　邮政编码：　515063
电　　话：0754-82904613
印　　刷：廊坊市海涛印刷有限公司
开　　本：710mm×1000mm　1/16
印　　张：6.25
字　　数：100千字
版　　次：2023年1月第1版
印　　次：2023年6月第1次印刷
定　　价：46.00元
ISBN 978-7-5658-4921-3

前言

　　随着教育的不断改革与发展，关注全体学生的发展，着力提高学生的技术素养是学生技能培训的主旨。学生技能培训是一个结构性的存在，不能以人类单一的动手能力或单一的技术理解水平来代替技能培训。学生技能培训可认为是学生理解技术的能力、使用技术的能力、管理技术的能力和参与技术活动能力的总能力。培养学生的技术能力是每个教师在实际教学中的教学任务和职责，其中技术实践活动课是学生技术培养的一个很好途径。与此同时，在新的教育形势下，让学生参与到实际的校园管理工作中来，对于提高学校管理水平有着非常积极的意义。现阶段学生管理能力培养中存在着学校对于学生管理能力培养重视程度不够、学生的管理能力水平较低、学生管理参与度较低等问题。因此，在学生管理能力的培养上，要提高学生对于学校管理的参与度，培养学生的学校管理意识，提升学生管理实践水平和对于学校综合管理的整体水平。在现阶段的学生学校管理发展过程中，依然存在诸多问题，只有结合实际的学校管理情况，制订相应的学生管理能力培养计划，才能使学生真正参与到实际学校管理中，并以此为基础促进学校管理水平的提升。

　　本书共分为五章，首先对学生技能培训以及学生管理的基本理论做了简要介绍；其次分析了学生管理的研究对象和方法，包括：学生管理的对象和现实任务、学生管理的特点和作用、学生管理的研究方法等，让读者对学生管理有了全新的认识；最后从多维度视角阐述了学生信息技术培养与管理、学生劳动技术培养与管理。本书充分反映了 21 世纪学生技能培训与学生管理方面的前沿问题，力求让读者充分认识学生技能培训与学生管理的重要性、必要性。本书兼具理论与实际应用价值，可供相关教育工作者参考和借鉴。

　　为了提升本书的学术性与严谨性，在撰写过程中，笔者参阅了大量文献资料，引用了诸多专家学者的研究成果，因篇幅有限，不能一一列举，在此一并表示最诚挚的感谢。由于时间仓促，加之笔者水平有限，在撰写过程中难免出现不足的地方，希望各位读者不吝赐教，提出宝贵的意见，以便笔者在今后的学习中加以改进。

目录

第一章　学生技能培训概述 …………………………………… 1
　第一节　学生技能培训的理念 …………………………………… 1
　第二节　学生技能培训的意识 …………………………………… 3
　第三节　学生技能培训的提高 …………………………………… 5

第二章　学生管理概述 …………………………………… 8
　第一节　学生管理的内涵 …………………………………… 8
　第二节　学生管理的指导思想与原则 …………………………………… 10
　第三节　学生技能培训工作规范管理的必要性——以高校为例 …… 16

第三章　学生管理的研究对象和方法 …………………………………… 23
　第一节　学生管理的对象和现实任务 …………………………………… 23
　第二节　学生管理的特点和作用 …………………………………… 26
　第三节　学生管理的研究方法 …………………………………… 30

第四章　学生信息技术培养与管理 …………………………………… 32
　第一节　信息技术教育的地位与作用 …………………………………… 32
　第二节　学生信息技术素养的内涵 …………………………………… 35
　第三节　信息技术教育的组织与实施 …………………………………… 38
　第四节　信息技术与学科课程的整合 …………………………………… 43
　第五节　信息技术教育课程资源开发 …………………………………… 54

第五章　学生劳动技术培养与管理 …………………………………… 61
　第一节　劳动与技术教育的地位和作用 …………………………………… 61
　第二节　劳动与技术教育的组织与实施 …………………………………… 63
　第三节　劳动与技术教育课程资源开发 …………………………………… 74

结束语 …………………………………… 85

参考文献 …………………………………… 87

第一章 学生技能培训概述

第一节 学生技能培训的理念

一、学生技能培训的概念

学生技能培训不仅包括培养学生完整的技术知识结构、熟练的技巧技能，还包含强烈的探究精神、丰富的想象力、独到的创造力。其中，学生技能培训的核心是分析问题、解决问题的能力。学生技能培训着重关注全体学生的发展，着力于提高学生的技术素养，注重学生创造潜能的开发，加强学生实践能力的培养，立足于科学、技术、社会的视野，加强人文素养的教育，紧密联系学生生活实际，努力反映先进技术和先进文化，丰富学生的学习过程，倡导学习方式的多样化发展。

二、学生技能培训的基本理念

（一）信息理念

在信息理念中，要求学生对各类信息知识内容产生对应的心理反应条件，并在行动中采取有效的措施，在保证高行动力的同时，提高信息内容的利用程度，获得更好的发展条件与先机。为了更好地培养学生的信息理念，教师必须在课程设计中，针对信息需求条件、采集信息方法、应用信息手段等内容进行教学展示。在课程安排过程中，突出教学内容中信息理念的概念，并逐渐扩大学生的认知空间，完成从感性思维到理性分析的变化效果。这样，不仅可对课程效果进行优化，而且能拓展到实际生活中的各个方面，达到思想理念指导行动的效果。

(二) 项目理念

功能驱动型的教学模式是信息技术课程中的特色内容。将计算机实际操作过程中的实际应用问题作为引导，对设备与系统使用过程中的具体方法进行分析，可以高效提高学生的学习效果，满足技能与知识的成长要求。而在教学改革升级过程中，必须将此种方法进行优化改良，将项目教学模式作为促进学生项目理念萌芽的途径，帮助学生形成系统的项目管理思想，提高综合素养。

(三) 计划理念

学习任何学科知识，都需要严密的规划设计，在科学方法的引导下，完成课程知识结构与学习过程的安排，更加高效、全面地实现课程知识学习。[①] 在以往的课程活动中，此类知识学习的计划内容大多是由教师设计完成的，学生仅作为参与者，融入设计好的学习计划中，不仅没有形成完整的计划理念，而且缺乏计划管理的相关方法。这导致大多数学生在学习知识的过程中，进入了被动学习的状态，必须在课程改革过程中对此进行适当的调整。

(四) 合作理念

合作理念的培养是保证学生社会属性的重要内容。在我国的教育环境中，学生的个人能力尤为出众，但是在合作内容上，却存在着明显不足。要想使学生的思维能力与交流能力都得到成长与发展，必须在课程内容中突出合作理念的地位，帮助学生更好地锻炼综合素质，在合作项目的学习中，完成知识的学习。

例如，教师在班级规划管理的过程中，就应当为学生设置学习小组，在开展每次的课程活动中，增加学生的合作机会，让学生真正通过合作掌握学习内容。这样不仅降低了知识掌握的难度，提高了课堂效率，也在课程实践的过程中培养了各个小组同学之间的合作默契。为了更加凸显合作理念的地

---

① 成尚荣. 校园 e 时代: 信息技术应用案例解读 [M]. 南京: 江苏教育出版社, 2003: 11-13.

位，可在每个教学项目完成后，在小组之间进行学习讨论，总结并分析此次活动中在合作内容上存在的不足，从而强化合作理念建设。

（五）创新理念

创新理念是技术发展的原动力，也是学生成长过程中的必要条件。在教育活动中，对于学生创新理念的培养，应将引导作为重点，帮助学生将活跃的思维空间引导到课程项目中，在认真分析课程内容的同时，尽可能地发散思维，在正确的研究与分析方向上，获得创新成果，完成课程学习的需要。

思想是指导行动与方法的重要基础。信息技术课程作为对接时代的先进知识内容，必须在思想建设上保证学生的先进性，在提高学生思想深度的同时，从信息理念、项目理念、计划理念、合作理念、创新理念这五个方面，保证学生获得良好的成长，为学生的健康发展创造思想基础，并提高课程教学的有效性。

第二节 学生技能培训的意识

一、学科定位意识

现如今，有些教师推崇国外的技术教育方式，以技术为中心，重视直接和隐性经验的技术教育，过程基本上是"模仿→训练→指导下操作→独立操作"。所以，这些教师直接把学生技能培训技术课堂变成学生"动手做"的课堂，课堂气氛看似活跃，可这种"拿来主义"的课堂就变成了一种形而下的"器"，他们没有考虑国情与学情，也扭曲了学生技能培训课程的理念。

还有一些教师对这门课程的性质和价值认识不足，把它当作副科，所以常常对自己熟悉的内容多讲，不熟悉的内容少讲或不讲。有的教师还是"填鸭式"教学，把学生的实物操作代之以讲述或媒体播放，这样的教学是一种不完整的教学。这样的教学与学生技能培训课程标准完全背离，教学中学生的探究和思考未得到重视，使技术课程的整体优势难以显现。

二、探究意识

(一) 内涵诠释

1. 探究意识在学生发现问题、参与设计的过程中萌芽

在学生技能培训课堂上，学生在面对新的知识时，经常会开展观察、交流、讨论、设计、实践等一系列学习活动。在这些活动中，通过学生的细致观察、学生的思维碰撞、学生的合作交流、学生的实践操作，学生与生俱来的天性让探究意识悄然萌发。

2. 探究意识在学生的叙述性探究与因果性探究中自然生长

探究学习是在研究过程中获得创新实践能力、获得思维发展从而自主建构知识体系的一种学习方式。要提高探究能力可以让学生尝试进行叙述性探究与因果性探究。叙述性探究是指让学生收集资料、找到不足、进行详细的设计分析、能描述构思方案。因果性探究指让学生探索某种假设与条件因素之间的因果关系，让学生明白为什么。在进行探究的过程中，学生的探究意识自会不断生长。

3. 探究意识是培养学生创新能力不可或缺的基石

创新能力是一个民族的灵魂，是一个国家赖以生存和发展的基石。学生技能培训课鼓励学生求新、求异，培养创新思维和合作交流能力。探究意识能让学生在重新发现和组合知识的过程中进行自主学习，是学生培养创新能力不可或缺的基石。

(二) 价值追求

1. 学生在探究过程中形成对知识的真正理解

在技术课堂上学生可以通过听讲、讨论、模仿、操作实践等活动实现对知识的理解。但对于有些知识的理解，可能需要学生在一系列的探究活动中才能真正达成。事实证明，学生有意识地探究，可以更好地理解技术知识、激发学习兴趣，从而培养他们的技术素养。

2. 学生在探究过程中构建新的认知结构

学生在进行设计活动时，一定会让新知识与旧知识发生相应的碰撞。

在新旧知识相互交融中可以帮助学生找到新旧知识之间的内在联系，在同化与顺应中构建新的认知结构，从而使得知识系统化。[①] 同时，可以使学生在掌握已有的技术理论和方法后有新的发现或设计新的方案。

3. 学生在探究过程中提升自身的技术素养

在技术课堂上，学生学习的过程是富有生机、充满探究、生动活泼的。在这个过程中，学生是学习的主体，教师是学习活动的引导者，教师引导学习时要鼓励学生多观察、多发现、多探究，充分利用通用技术课程的内容载体，让学生在掌握基础知识和基本技能的同时，去接触和探究最新的发展成果和技术信息，激发学生创造欲望，使学生的技术素养进一步得以提升。

三、问题意识

在学生技术培养过程中，要充分激发学生的问题意识，培养与锻炼学生的问题分析与解决能力，这是体现学生学习的自主性、锻炼学生综合学科能力的方法。在具体的教学实施过程中，教师要从教学内容和设定的教学目标出发，给学生问题意识的培养提供良好的教学基础。教师可以多尝试设计问题化的学习情境，让学生思考分析的主动性更强；教师也可以丰富课堂上的探究交流活动，让学生基于具体问题找寻有效的化解方案。最后，教师还可以给学生提供良好的交流与交互平台，让学生产生学习问题后可以有很好的讨论空间。这些都是值得采取的教学实施方法，能够起到有效地培养与锻炼学生问题意识的教学效果。

第三节　学生技能培训的提高

一、在实践中培养学生的动手能力

学生技能培训就是培养学生实践能力和创新思维的一门课程。如果在上课时只是一味地讲解理论，就会流于纸上谈兵。因此，技术课程不需要

---

① 李克东. 多媒体技术教学应用 [M]. 北京：电子工业出版社，1996：22-25.

对某一专业知识进行大篇幅、面面俱到的陈述。要避免教学过于专业化，要"做中学、学中做"，让学生参与技术活动全过程的实践，促使学生动手操作和动脑设计相结合，在实际体验和探究过程中形成初步的技术能力、技术思维方式和意识，并在这个基础上最终提高学生的技术素养。

二、整合多门学科知识，培养学生解决问题的能力

在设计活动项目的时候，整合多门学科知识，以促进学生的认知水平更上一层楼。打破固有的思维定式，力求将不同学科的知识多角度综合起来，学会从系统的角度学习知识和解决问题。[①] 在这个过程中，多学科知识得到了贯穿，让学生体会到过去孤立单一的学科知识间原来存在着千丝万缕的联系，从而整体认知世界，提高其综合解决问题的能力。

三、采用灵活多样的教学方法激发学生的创造力

现在学生技能培训课堂的教学模式大多是：全班学生集中在一个制作室里，完成一个同样的作品，例如，设计一盏台灯、做一条板凳、设计一套校服等。一节课的时间，学生能做什么，特别是学生能有什么创意设计呢，无非就是模仿一下，有时因时间不够，甚至连模仿性的动手操作都完成不了。为改变这种状况，教师应该在不脱离教学宗旨的前提下，利用信息技术课做平台，结合物理、化学、生物、地理等学科，要求学生自选题材，每个学期完成一个有创意的研究课题，表现形式不限，可以是发明创造，可以是研究报告或调查报告，也可以拍 DV 或摄影，还可以是个人网站、平面设计、动漫等。

从学生成长发展的需要来看，技术与设计、实践操作方面要接受启蒙教育，同时还要完成初步操作训练，发展创造性思维。这是他们全面发展不可缺少的。在教学中，要鼓励学生多想象、善探索，营造以学生为主体、师生共同建构的民主、活跃、热烈的学习氛围，激发学生的创造欲望，培养学生的技术素养。

---

① 顾建军.普通高中课程标准实验教科书·技术与设计 1[M].南京：江苏教育出版社，2009：44-47.

四、分组实验培养学生的团队合作精神

针对学生自我意识太强、不善于沟通交流的特点，在项目实施过程中可以采用分组形式。在活动中学生通过讨论、分工、研究等形式加强组员之间彼此的沟通、交流、合作。活动结束，各组进行项目作品介绍、心得体会交流、自我评价、相互评估，营造良好的沟通氛围，养成乐于交流、善于合作的团队意识。

第二章　学生管理概述

学校是培养社会主义事业接班人的重要基地和摇篮。我们必须始终坚持社会主义办学方向，把德育放在首位，为我国社会主义现代化建设培养优秀人才。培养社会主义现代化建设事业的合格人才是一项十分复杂而庞大的系统工程。它要求调动学校各方面的积极性，齐抓共管，共同努力。而发挥学生工作专职人员的作用，加强对学生的教育和管理，是学生管理工作的切入点和着力点。

第一节　学生管理的内涵

一、内涵

学生管理是学校领导和管理人员，为了实现学校学生的培养目标，按照国家的教育方针和各项政策法令，科学地、有计划地组织、指挥、协调学校内部的各种因素——人、财、物、时间、信息等，并对其进行预测、计划、实施、反馈、监督等的一门管理科学。学生管理作为学校管理的重要组成部分，具有十分广泛而深刻的内涵。首先，它要研究管理对象（学生）的生理、心理特征，知识、能力结构、兴趣爱好及社会氛围对他们的影响，掌握他们的思想变化及教育管理的规律。其次，它要研究管理者本身（学生工作专职人员）必备的思想、文化、理论及业务素质，以及这些素质的培养和管理队伍的建设。最后，它还要研究学生管理的机制和一般管理的原则、方法，以及学生在学习、生活、课外活动、思想教育中的具体管理目标、原则、政策、法规等。

二、学生管理研究的内容

学生管理是一项教育工作，具有教育科学所包含的规律，也是一项具体的管理工作，具有管理科学所包含的规律。学生管理是教育学和管理学交叉结合产生的一门综合性应用学科，它同所有的管理科学一样，研究的主题是效率，当然具体研究的课题是学生管理的效率——最有效地达到学生的培养目标。我国学生管理就是要寻求按照党和国家的教育方针，实现培养德、智、体诸方面发展的专门人才的最佳方案，最佳计划、决策，最佳管理体制、组织机构及操作程序。它涉及很多学科：马克思主义哲学、教育学、社会学、心理学、管理学、行政学、统计学、控制论、信息论、系统论等。因此，研究中国学生管理必须广泛运用各种有关的科学理论来分析研究我国学生的管理实践，使我们的管理建立在真正的科学理论之上，这样才能使我们从事学生管理工作的教育者用科学的管理指导思想和科学的管理手段进行有效的管理。

三、管理过程中要妥善处理的关系

第一，学生管理与规章制度的关系。学生管理要经过制定并实施必要的规章制度来实现。教育部根据党和国家的教育方针、学生成长的特点以及长期以来的工作经验，已经制定了《学生管理规定》，这是对学生进行科学管理的一个基本法规性文件。各学校也结合自己的实际情况，整章建制，制定了一系列规章制度。学生管理的实践反过来又丰富了规章制度的内容，使之更加全面化、科学化。

第二，学生管理与思想政治教育的关系。在强调管理工作重要意义的同时，不可忘记思想政治教育的重要保证作用。任何只强调严格管理而忽视思想政治教育，或严格强调思想政治教育而置照章管理于不顾的做法，都是片面的、不可取的。因为管理也是教育的一种手段，教育又能保证管理的推行和实施，所以只有把严格管理与思想政治教育有机地结合起来，才能使学校工作真正走上井然有序的轨道，这已为实践所证明。

第二节　学生管理的指导思想与原则

一、学生管理的理论根据和指导思想

科学的管理对提高管理效率、优化教育质量具有十分重要的意义；科学的管理有赖于符合客观实际的、法治化的、人性化的管理规章制度，而这一切都离不开科学的管理思想。科学的学生管理思想分为三个层次：一是作为认识理论的管理思想；二是作为管理应遵循的基本原则；三是在实际操作中所运用的具体方法。

（一）管理思想

所谓管理思想，是指关于管理的观点、观念或理论体系，是管理理论和实践的结合在人们头脑中的反映。管理思想对管理工作起指导作用，它随着人类社会及其管理活动的产生、发展而产生和演变。古代朴素的管理思想兴盛于中国、古巴比伦和古印度等。公元前1700多年，古巴比伦《汉谟拉比法典》颁布的282条法律，体现了远古法规管理思想。中国在公元前1100多年，出现经权管理思想。后有历代的"人治""法治"及"知人善任"等管理思想。19世纪后，随着机器大生产的兴起，欧洲出现古典科学管理思想以及法约尔的管理原则与过程理论等。从20世纪20年代开始，出现了人际关系——行为管理思想。20世纪60年代后，出现了诸多管理学派，管理思想百花争艳，被喻为进入了管理理论的"丛林时期"。

学生管理属教育管理的范畴，其管理思想理应与教育管理思想同类，它是一个极为复杂的理论课题。它应该也必须规定自己的理论前提，也就是要与某种思想理论联系起来，以确立自己的基本方向。从哲学的层面来看，学生管理思想主要包括以下四个方面的内容。

1. 运用相互联系的管理思想

学生管理是一种复杂的社会现象，从宏观上分析，学校与社会、家庭和时代是联系在一起的，学生当然也不是孤立于社会、与世隔绝的，所以学生管理涉及社会、家庭，影响着时代，同时也受时代或者说历史条件的限制。

从微观方面来看，学生管理诸要素之间也是相互联系、相互制约的，如管理与学习之间的关系、管理与教育之间的关系、管理与服务之间的关系、管理过程与管理结果之间的关系等，都是相互影响、相互制约的。

2. 运用动态平衡的管理思想

管理是一个过程，这一过程是在不断发展变化的，既受大的政治、经济和文化变化的影响，又受学校本身物力、财力及办学思路变化的影响。一切都在变化中，管理工作也处在不断地完善与发展中。同时，作为管理对象的学生和研究学生的教师的人格、思想、行为也在学生管理过程中得到逐步发展与完善。所以把动态平衡的管理思想运用于管理工作中，就必须有发展的观点，要有与时俱进的勇气，立足于现实，着眼于未来，不断地分析和研究新的情况、解决新的问题。

3. 运用对立统一的管理思想

在学校的学生管理活动中，客观存在着各种矛盾关系，需要运用对立统一的管理思想对这些问题和矛盾进行分析研究并最终予以解决。例如，管理者与管理对象之间的矛盾，教育、服务与管理之间的矛盾关系等。

4. 运用实践探索的管理思想

实践是检验真理的唯一标准，同时，实践又是正确认识的主要来源。学生管理是一门实践性很强的科学，有很强的可操作性要求。因此，我们在开展学生管理工作的时候，一定要有实践意识、要有探索创新的勇气，并将实践过程中形成的好的经验提升到理论高度，从而在整体上指导学生管理工作的新实践，如此反复，以至无穷，以推动我们的学生管理工作水平不断提升。

（二）指导思想

研究我国学生管理，主要应注意运用以下几个方面的理论观点和指导思想。

第一，坚持马克思主义关于人的全面发展的理论，培养有理想、有道德、有文化、有纪律的全面发展的高级专门人才，是我国社会主义大学的根本任务。做好研究工作首先要解决"为谁培养人"和"培养什么人"的问题。我国社会主义大学的性质决定了我们必须确保学校培养出来的毕业生，不仅要有扎实的科学文化知识和健康的体魄，而且必须具有高度的社会主义觉悟，也就是要有理想、有道德、有文化、有纪律。要培养这样的新人，就必须按照马克思主义的人的全面发展的教育思想办教育。马克思主义教育思想的核心就是关于人的全面发展的学说。培养德、智、体全面发展的建设者和接班人的教育方针，是马克思主义这一理论精髓的具体运用。这些理论都是对马克思主义关于人的全面发展学说的继承、丰富和发展，是党和国家教育方针的具体化。我们要把培养全面发展的"四有"人才作为我们的根本任务和落脚点。

第二，运用马克思主义关于辩证唯物主义的理论，用对立统一观点指导学生管理，在管理中坚持整体观。马克思主义辩证唯物主义哲学是一切社会科学和自然科学的理论基础。马克思主义的认识论和方法论，渗透于所有社会科学和自然科学之中，所以，也同样渗透于学生管理科学中。要运用对立统一观点，坚持管理的整体观。在纵向上，坚持整体观就是局部与整体的统一，从学生管理工作的整体系统来看，组成这个有机整体的各部分又都是一个支系统，是局部。学生管理系统的整体功能是由各部分的组合形式决定的，虽然支系统都各具特定的功能，但它们都应服从学生管理系统整体的目的和功能，各个支系统的要素都是为了整体目的而建立的。在横向上，坚持整体观就是处理好各支系统之间的分工与合作的一致性，把各部门都协调到为培养全面发展的人才这一共同的管理目标上来。

第三，运用教育和现代管理科学理论指导学生管理，使学生管理科学化。现代治校观念要求我们靠现代科学来管理学校，管理学生。具体来说：一要靠教育科学，要遵循教育的外部规律与内部规律办事。学校要准确把握社会脉搏，直接面对市场办学。学生管理也要研究新情况、解决新问题，面向21世纪培养高素质的复合型人才。二要靠运用现代管理科学的理论与方法进行管理，使学生管理队伍的组织机构严密、管理制度科学、人员分工合理、职责范围明确，奖惩分明，动作协调，工作高效等。运用现代管理科学指导学生管理主要是运用它的基本原理：系统整体性原理、要素有用性原理、动态相关性原理、人的能动性原理、规律效应性原理、时空变化性原理、信息传播性原理、控制反馈性原理等。我们应在管理实践中力争使管理做到系统化、管理决策科学化、管理方法规范化和管理手段现代化。

第四，继承和发扬我国七十多年来学生管理的成功经验。中华人民共和国成立七十多年来学生管理工作的成功经验是当今学生管理工作的宝贵财富。首先，社会主义大学必须坚持中国共产党的领导，坚持社会主义方向，这是我国七十多年来办大学的一条基本经验。坚持党的领导就是用党的路线、方针、政策作为社会主义大学管理的基本指导思想，就是要确保社会主义大学的社会主义方向，调动全校师生员工的积极性，为培养德、智、体全面发展的高级专门人才努力奋斗。坚持社会主义方向，是由我国社会主义性质所决定的，一切管理工作都要根据党的路线、方针、政策去组织、实施。各项规章制度的制定都要有利于坚持"一个中心、两个基本点"，有利于调动广大师生员工的社会主义积极性，这是衡量管理功能与效益的基本点。其次，管理工作规范化、制度化，即把符合社会主义方向的，又经过实践检验比较成熟的民主管理和科学管理体制、程序、办法用制度固定下来，使工作形成规范，其中心点是责、权、利相结合，使制度的思想性和科学性统一。最后，坚持理论联系实际的原则，面向社会实践，实行教育与生产劳动相结合。社会主义学校培养的人才，必须适应社会主义市场经济的需要，在思想上有高度的社会主义觉悟和共产主义献身精神，在业务上不仅要有理论知识，而且要有较强的分析问题和解决问题的能力，要有实干精神和较强的独立工作能力。

二、学生管理的原则和基本方法

原则是对客观规律的反映，是观察问题和处理问题的准绳。社会主义学校管理学的原则是学生管理的内在关系的规律性反映，不是任何人随心所欲就能创造的。在学生管理工作中，管理原则处于承上启下的关键地位，是管理目标和实现管理目标的手段之间的中介，它是学生管理工作中管人处事所依循的法则，是采取有效手段进行管理活动的基本要求。管理原则和管理目标、管理过程、管理方法、管理制度、管理者之间都有密不可分的关系，并处于指导地位。

(一)学生管理的基本原则

社会主义学生管理基本原则是根据学生管理工作的目的、任务和培养学生成为社会主义合格人才的客观规律制定的，它制约和指导着其他个别和特殊原则。

1.学生管理工作方向性原则

管理是一种有目的的活动，管理工作必然具有方向性。以坚持社会主义方向为准绳，这是我国学生管理工作的一个本质特点。我国是社会主义国家，自然要使学校成为社会主义性质的育人场所。社会的性质制约着学校的性质，进而决定学校一切管理工作的性质，因此我们的学生管理工作，作为一种有目的、有意识的自觉活动，必须坚持党的领导，坚持社会主义方向，坚持邓小平理论、"三个代表"重要思想、科学发展观和习近平新时代中国特色社会主义思想，为社会主义现代化建设培养造就大批合格人才，这是学生管理工作必须遵循的一条最基本、最重要的原则。

2.理论与实践相结合的原则

理论与实践相结合，坚持实践是检验真理的唯一标准，这是马克思主义的基本原理，也是学生管理的基本原则。准确领会和掌握马克思主义相关科学及各种管理原理，从而把握它们的精神实质，这是做好学生管理工作的前提。但是，管理原理的应用价值和范围，是受不同学校、不同管理对象和管理者水平等因素制约的。党和国家在社会主义现代化建设阶段有着基本的教育方针和政策，在各个不同发展时期，针对不同特点，又提出一系列具体的方针、政策和要求。这些方针、政策和要求，应当体现在各学生管理的具体措施、方法中。但是科学的学生管理必须从学生的具体情况出发，从学生的素质、兴趣、爱好和生理、心理特点等出发，制定出相应的方法和措施。

3.行政管理与思想教育相结合的原则

培养学生的共产主义思想品德，既需要耐心细致的说理教育，也需要坚持不懈的行为训练，使学校的教育要求变为学生的行为习惯，否则，教育的效果就不会得以巩固。学生良好行为习惯的训练和培养，离不开科学的管理，没有合理的规章制度、行为规范，思想政治教育就会空乏无力。行政管理在培养社会主义合格人才的过程中起着不容忽视的作用，它为教育工作提供规范准则和纪律保证，但具体的学生管理是通过规章制度、行为纪律对学生的思想行为进行科学的指导和制约。这些制度、措施、纪律表现为社会与学校的集体意志对学生的要求，表现为对学生行为的外在限制。因此，想单纯地运用管理制度去解决学生复杂的精神世界问题，是违背教育规律和不切实际的。社会主义学校对学生进行管理的措施的制定与实施，必须以提高学生的认识能力、培养学生自觉遵守规章制度的自觉性为前提。自觉地遵守纪律源于正确的认识,离不开正确的教育,我们只能通过科学而有效的思想教育,帮助学生提高执行纪律的自觉性,才能真正实现管理的效能。

4.民主管理原则

社会主义学生管理工作的一个重要方面,就是要培养学生自我控制、自我管理的能力,激励学生在管理中的主动意识和主人翁态度,充分调动学生自我管理的内在积极性。因此,社会主义学校学生管理工作中坚持民主管理的原则是符合整体管理目标的。

从学生的心理特征来看,他们正处于心理自我发现期,这一时期他们产生了认识和支配自我、支配环境的强烈意识,他们希望自己的意志和人格受到外界更多的尊重。他们对学校制定的规章制度、行为纪律会思考它们的合理性,一般不希望被动地处于服从和遵守的地位,而是要求参与管理。根据社会主义学校的学生培养目标和他们的心理特点,我们在管理工作中应充分发扬民主,明确学生既是管理对象同时又是管理主体。在实行民主管理时,我们应注意发挥党团员学生的作用,重视学生干部的选拔与培养,这是调动学生的积极因素,实现学生民主管理的重要任务之一。

(二) 学生管理的方法

学生管理的方法是根据其管理原则,为实现学生培养目标而在德、智、体及其他方面所采取的具体方式、步骤、途径和手段,一般有以下几种方法。

1.调查研究

对学生的情况,要经常调查、了解、掌握,及时采取相应的措施处理。调查研究时要对调查对象、目的、方法做认真规划,不能临时应付、草率从事。调查中不带框框,坚持实事求是,不能以上级单位或某人的指示、意见为结论,到下面寻找材料佐证。在调查的基础上还要用马克思主义立场、观点、方法,对调查材料、调查事物进行分析、综合、研究。

2.建立规章制度

在学生管理中逐步确立一系列科学的管理制度,这是学生管理的必要方法。制度要符合学生身心发展的特点,符合教育规律和德、智、体培养目标的要求。制度既要随着教育的发展而不断完善,又要有其相对的稳定性。

3. 实施行政权限

按照学生管理的目标、内容制定一系列规章制度、执行措施和学生行为规范，用行政方法进行管理，并通过相应的管理部门及其人员和师生员工实施检查监督，从而使学生集体或个人的活动达到管理的目标要求。行政方法包含褒扬和惩治两个方面。对遵守管理制度、行为符合规范的集体或个人，应予以表扬；对违反管理制度、行为不符合规范的集体或个人，要有明确的限制措施，并用严格的制度约束其中的特别恶劣者。

4. 适当运用经济的手段

经济手段是行政方法的补充。在学生管理活动中，对学生给予必要的物质奖励或惩罚，就是经济的手段，采用经济手段并不意味着行政方法不足以保证管理实施，而是因为直接触及学生的物质利益，它起的作用是行政难以替代的。用经济手段进行学生管理时，要注意防止一种倾向。同样不能只重视用经济手段奖励优秀学生，而忽视用同样手段处罚违纪学生，或者只重视处罚而忽视奖励，导致不能发挥经济手段的作用。

第三节　学生技能培训工作规范管理的必要性
——以高校为例

随着时代的发展，经济的不断进步，我国高校学生不仅需要进行专业理论化课程知识的学习，还需要进行相应知识技能的培训。但由于知识技能的培训工作展开需要一定的规范管理，而许多高校对管理工作并未引起足够的重视，所以导致日常管理工作并未起到促进和提升学生技能培训质量的作用。本节将对学生技能培训工作规范管理的必要性进行研究，并针对其中存在的问题进行相关措施的探究，希望学生的就业竞争力获得明显的提升，在未来的工作岗位中能够尽快适应角色的转变，并且使自身的综合素质得到较大的提升。

对于高校的学生而言，想要在日后进入社会工作角色中时能够尽快地适应角色身份的转换，具备较为娴熟的职业技能胜任日常工作，那么学生在学校进行课程学习时，就需要有意识地进行技能技巧的培训。为此，高校有关领导应当重视对学生技能技巧的培训工作，加大规范管理力度，使得高校的学生实践技能培训能够变得更加科学合理。

一、培训工作规范化管理的必要性

我国每年都有大量的高校毕业生投入工作岗位，在社会竞争压力不断加剧的情况下，大学生的就业形势变得日益严峻，在社会竞争压力不断加剧、需要增加就业岗位的过程中，大学毕业生也要不断地提升自身的就业竞争力。因此，进行技术技能培训，扩充自身的技术实践经历，提升自身的专业技术水平，变成了大学生提升自身就业竞争力的重要手段。在传统的高校人才培养模式中，许多学生所学的专业虽然具有较强的技术性，但却由于课程设置仅仅局限于理论化阶段，没有给予学生足够的机会进行技术实践而导致学生错失技能技巧培训的最佳时机，无法将本身的专业技术作为核心就业竞争力在人才市场中进行呈现。为了使学生所学知识与技能能够跟社会接轨，也为了使得学生能够在毕业之后的就业竞争中脱颖而出，以尽快地适应岗位需求，顺利完成工作任务，很多高校开始改变传统的人才培养模式，逐渐重视学生的实践技能培训工作，这对于高校人才培养模式的改革具有十分重要的意义。

它能够全面提升学生的就业竞争力，使得学生将所学知识与社会需求相结合，这也是高校未来学生人才培养模式的发展趋向。为了提升学生的职业技能竞争力，很多高校开始逐步对学生的职业技能培训提出更高的要求。希望学生在进行专业课理论化知识学习的同时，也考取各类职业资格证书。这种人才培育模式能够使高校学生在人才市场上更具核心竞争力。就现阶段而言，劳动密集型产业，仍然是我国产业结构中不可或缺的重要组成部分。因此，具有专业知识技能的学生，更加容易受到有关企业的关注，这也是高校职业技能培训工作展开的重大意义所在。

二、技能培训管理现状分析

高校的职业技术管理课程要在科学合理的情况下展开，相关高校领导就需要在正确的观念引导下，通过科学合理的管理规范对学生进行职业技能工作培训。下面将对现阶段的工作管理现状进行研究与分析。

（一）工作管理混乱

现阶段一些高校的职业技能培训管理工作显得较为混乱。由于各个不同专业的职业技能培训要依附理论化课程知识进行，而不同的职业技能培训有不同的要求和培训方式，因此现阶段大多数高校的职业技能培训仍然处在被动状态，没有纳入正式的高校课程管理体系当中。很多学校的职业技能培训仍然是作为专业理论化知识课程的附属而存在的，因此很多高校的职业技能培训管理工作并没有跟上职业技能培训展开与更新的进度。相关学校领导并没有制定出较为科学合理的管理体系，来对职业技能培训进行方向性引导。这会使得高校的职业技能培训缺乏前瞻性，无法与社会发展的实际趋向相贴合。因此，学校有关部门的领导应当对这个问题引起足够的重视。

（二）各系部难以统一

前面已经说到，由于不同专业有不同的实践要求以及实践方式，故而想要在理论层面对整个高校的职业技能培训工作进行管理是较为困难的。就目前而言，一些高校的实践技能培训管理工作仍然处于各系部自主组织与进行的状态。这种各系部自主进行与组织的方式，虽然能够使学生的专业技能获得极大提升，但却会加大各职业技能培训之间的沟壑与隔阂，使得学生难以统一与管理培训时间。而随着时代的发展，社会越来越需要复合型的人才帮助加强各行各业的完善与建设。倘若只局限于让学生完成本专业知识的学习以及实践技能的培训，是无法使学生进行复合型知识研究和提升自身综合素质的。因此，对于高校而言，维持传统各系部自主进行职业技能培训的管理工作状态不利于学校职业技能培训与社会发展的贴合，因此相关学校领导应当重视该问题，寻求使用合适的措施对有关问题进行解决与研究。

（三）培训科目不合理

由于一些高校在专业课程培训工作展开中所选取的培训科目并没有经过长时间的斟酌与讨论，因此在科目选取的合理性上以及对学生的影响上仍然存在着需要探讨的空间。就现阶段而言，一些学生在专业知识技能培训课程中所学习的知识与内容并不适用于未来的工作岗位，这就会导致学生的专业知识技能学习与社会需求相脱节。因此，对于学校相关领导而言，合理化地使用各类培训工具，开设相对合理的培训课程是专业技能培训工作管理中的重要内容，有关部门领导需要引起足够的重视。

三、相关措施分析

为了使高校的职业技能培训课程能够在科学合理的工作管理中进行，有关部门领导应当针对现阶段存在的问题，制定具有可行性的措施来对有关问题进行纠正，使得高校的职业技能培训课程更加切合时代发展潮流的环境。

（一）进行统一的管理

为了使得高校的职业技能培训课程管理工作更加科学合理，有关部门领导应当针对现阶段各系部自主培训的杂乱现状，加强职业技能培训工作的统一管理，建立完善科学的管理体系以及管理制度，相关学生与教师要在遵循有关培训制度的状况下开展职业技能的课程培训。为了使高校的职业技能培训课程贴合时代的发展需要，结合社会对复合型人才的需要，相关高校在进行职业技能培训课程的管理工作时，应当尽量消除各专业技能培训之间的隔阂与界限，引导学生根据自身的专业课程学习情况，学习更多专业技能，提高自身的就业竞争力。为了加强管理的科学性与规范化，相关高校领导还要尝试通过建立统一的教学考评机制，让学生通过定期测验，对自身的技能掌握情况进行深入的了解与分析。教师也可以通过教学考评机制，及时获得学生的教学意见反馈，及时更新自身的教学方式以及教学理念，使高校的职业技能培训课程能够在科学合理的规范体系中获得长足的进步。

（二）进行课程科目设置的规范

由于高校的职业技能培训课程仍然处在探索和开发的阶段，因此在课程科目设置与选择过程中，经常会由于课程本身的不适合与脱离实际，而使得学生在职业技能培训中所学到的技术知识与社会实践相脱节。高校希望学生能够通过职业技能培训课程的学习，获得职业技能知识水平的提升以及实践经验的积累，使其在未来的工作过程中能够尽快适应社会工作环境，高效完成各项工作任务，那么就应当针对现阶段的社会实践实际情况进行职业技能培训课程的科目设置与选择。当然，很多高校的有关课程开设虽然较为贴合时代的发展境况，学生能够通过相应课程知识的学习，提升自身的就业竞争力，但相关课程的开设并没有立足学生自身的学习基础。换句话说，相关职业技能课程培训所选择的课程科目虽然较为科学合理，但并不贴合学生的自身学习境况，其课程的深度与难度都与学生本身的经验有较大差异。在这种情况下，即使学生能够及时参加有关职业技能的课程培训，也无法取得较好的培训效果。因此，有关高校领导在进行职业技能培训课程的科目设置时，不单单需要力求相关课程知识与社会发展潮流相贴合，还需要使得相关课程知识与学生自身的学习实际相结合。只有如此，学生在进行有关职业技能培训课程学习时，才能取得更好的学习效果。

（三）丰富培训方式

由于各高校在课程设置上往往更偏向于理论化课程知识的教授，实践技能知识方面的培训效果不如有关企业那样具有科学合理的规范化体系，因此相关高校在引导学生培训职业技术知识时，不妨借助相关企业的科学化培训体系，建立联合培养的人才培育模式。所谓的联合培养模式，指的是高校负责理论化课程知识教学，相关企业负责技术实践培训方面的教学。学校和企业采用双导师制度，引导学生先进行理论化课程知识的学习，当学生学习完毕后，便可以通过企业导师的专业引导进行职业技能实践与训练。

相较于传统高校开设的职业技能培训课程而言，用联合培养的人才培育模式，能够给学生更加逼真的技术实践环境以及与未来工作背景更加贴合的专业技术实践指导。在这种培养模式下所培育的专业技术型实践人才，具有更加完善的实践课程培训经历，也更符合未来社会对综合型人才的需求趋向。因此，对于各高校而言，丰富培训方式，进行科学合理的联合培养人才经营模式构建，对于培养实践型技术人才而言是十分重要的。当然，在学校与企业的联合办学过程中，学校与企业双方的及时沟通与交流，对于整个联合办学模式而言是至关重要的。很多学校与企业由于过分关注各自利益的获取，而忽略联合办学的真谛，导致学生在联合办学的培养模式中无法获得知识技能学习质量的突破。因此，对于高校与企业来说，在联合办学模式开展前进行充分的交流与沟通，明确双方的权责是十分有必要的。只有当科学合理的规范化联合培养模式成为固定的培养方案，才能使学生的学习质量获得最大的保障。

(四) 采用信息化的管理模式

由于信息技术的快速发展，导致信息化管理方式逐步应用到各行业领域中，改变了各行业领域的日常工作状态与工作模式。对于高校的专业技术培训工作而言，要使相关工作贴合时代的发展潮流，学生通过有关培训工作的展开而获得更具实践性的专业技能知识学习体验，那么有关高校就务必要利用信息化的管理模式，使得专业技术培训的日常工作管理与培训内容创新完善进度相贴合。通过信息化管理模式的开展，相关管理工作人员及时对学生的学习状态与学习进度进行掌握，也能及时与教师进行信息化交流，让教师通过教学考评审核结果的反馈，对自身的教学理念与教学方式进行及时的改进与创新。这样，高校的专业技术培训工作就能变得更加与时代相贴合，也更加与学生的学习实际情况相贴合。而信息技术的不断发展，也使许多专业技术开始与信息技术相结合，对于高校的专业技术培训工作而言，信息化的管理方式能够使学生对信息化技术的认知不断深化，对学生进行综合性职业技能的学习也能提供很大帮助。

四、规范管理的作用分析

对于学生而言，各高校进行专业技能培训工作的管理规范起着重要作用。科学合理的管理工作能够促进高校的专业技能培训工作在有条不紊的境况下进行。这对于增强学生的实践体验、提升学生的专业化技术学习质量都是很有帮助的。但在就业形势不断严峻的情况下，高校毕业生的竞争压力不断加大。对于用人单位而言，高校学生的实践经验以及职业技能技术使用娴熟程度，往往会成为企业用人的最主要考察因素。倘若学生能够在科学合理的规范化管理专业技能培训中获得系统化的职业技能训练，那么学生的专业知识技能就能得到明显的提升。这样的高校毕业生，在竞争压力日益激烈的人才市场中往往能够脱颖而出，就业竞争力更强。从某种程度上说，专业技能培训工作的规范管理也能够帮助高校提高毕业生的就业率。

  总而言之，随着竞争压力的不断加大，高校学生不仅要进行理论化课程知识的学习，还需要进行与专业课程相关的实践职业技能的训练。为了使实践职业技能训练的效果达到最大化，各高校领导一定要对日常的专业技能训练展开合理化的规范管理，只有如此，学生才能够在稳定的教学环境中进行专业技能知识的训练，让学生的就业竞争力获得明显的提升，使其在未来的工作岗位中能够尽快适应角色的转变，并且综合素质得到较大提升。

第三章　学生管理的研究对象和方法

　　学生管理是学校管理系统的重要组成部分，在学校教育改革和发展中占有极为重要的地位，在学校管理研究中具有重要意义。把学生管理作为一门科学进行研究，探讨学生管理活动的本质与内在规律，促进学生管理工作的科学化、法治化、人性化，推动学生管理工作由经验型、传统型、行政本位型向科学型、现代型、学生本位型转变，为中国特色社会主义现代化事业培养新世纪合格的建设者和接班人，是广大管理工作者特别是直接从事学生教育管理工作的教育者面临的一个重要课题。

第一节　学生管理的对象和现实任务

一、学生管理的对象

　　所谓管理对象是指"管理活动的承受者"。随着人类认识的深化和管理的科学化、复杂化，不同时期、不同学派对管理持有不同的见解：一是指管理活动所作用的各种具体对象，最初是人、财、物三要素，后增加时间、空间，成为五要素，又增加了信息、事件，成为七要素等。二是指管理活动所作用的特定系统，即把管理对象作为由多种因素组成的有机整体。系统与外界环境有信息、能量、物质交流。学生管理作为学校管理工作的重要组成部分，其相对应的工作对象无疑是指学生，从广义角度来看，这些学生应包括所有在各个阶段求学的学生，因为这些人都是学生管理活动的承受者。学生管理牵涉诸多知识体系，包括管理学、教育学、心理学、政治学、人才学等，因此，学生管理是一门综合性、政策性很强的应用科学。它具有自己独特的研究对象，这个对象就是学生管理活动本质的、内在的联系及其发展变化的规律。对于社会主义的中国来说，学生管理科学是以马克思主义、毛泽东思想、邓小平理论、"三个代表"重要思想、科学发展观和习近平新时代中国特色社会主义思想为指导，以党的路线、方针和政策为依据，建立在教育科学、管理科学、生理心理学等基本理论和丰富的学生管理工作经验的基础上，研究学生管理的对象、任务、原则、内容、方法和规律的一门科学。

学生管理作为学校管理的一个重要方面，同其他管理工作一样，都是以教育领域某一方面的特殊现象和规律为研究对象的，它必然要受到教育领域总规律的支配与制约。因此，它又不同于管理工作的其他分类工作，具有相对的独立性。我们只有既认识到学生管理工作与其他管理工作的密切联系，又认识到它与其他管理工作的不同特点，才能真正揭示学校管理现象本身所具有的特殊规律，使之成为一门极有特性并富有成效的管理工作。

作为管理工作，一般而言，总要有相应的学科知识成为其所依循的工作方针，而一门学科的成立必须具备一个必不可少的条件，即它必须具有一套系统的范畴体系。范畴体系既体现了研究的角度，也展示了研究的内容，同时又表明了其相互间的关系。因此，准确而恰当地表述学生管理学的研究内容，最好的办法是确立这门科学的框架和范畴体系。学生管理工作要研究的内容应涵盖以下几个方面：

（1）学科理论的研究。包括学生管理科学的性质、理论基础、研究对象和领域、主要研究任务、学科的地位和作用，学生管理的指导思想和原则，如何对历史的经验进行抽象和概括以纳入理论体系之中，如何移植、融合相关学科的理论，不断丰富、完善和发展学生管理科学等。

（2）方法论的研究。研究学生管理科学的方法论，一方面要研究根本的思想方法；另一方面还要研究具体的管理方法，如思想政治教育管理、学生社区管理、教学与学籍管理、实践管理、社团管理、校园文化管理（含网络管理）、奖惩制度管理、社会心理健康与咨询管理、就业管理、学生党员管理与党建管理、学生干部队伍的管理、学生群体性突发事件的应急管理等方面的管理方法与手段。

（3）组织学的研究。学生管理是一项系统性工程。对学生管理的组织领导体制、学生管理队伍的建设、学生管理的现代化趋势等，都必须做更为深入、全面的探讨。

（4）学生成长规律、心理生理特点与管理工作的有机联系研究，青少年群体之间相互作用关系与学生管理工作的互动共生研究。

二、学生管理的基本任务

学生管理工作的基本任务，不仅包括研究学生管理学的相关体系，即研究学生管理工作与活动的知识系统理论，而且更重要的是这种研究必须着眼于寻求学生管理工作本身所存在的特殊矛盾，领悟和把握学生管理工作的运行规律，以更好地运用于学生管理工作的实践之中，有力地推动学生管理工作。概括起来，学生管理工作的主要任务如下：

第一，坚持马克思主义关于人的全面发展理论和党的教育方针，贯彻党的基本路线，以马克思主义、毛泽东思想、邓小平理论、"三个代表"重要思想、科学发展观和习近平新时代中国特色社会主义思想为指导，以马克思主义哲学原理为方法论，遵循党的教育方针和学校的培养目标，为培养全面发展的高素质人才服务。

第二，系统总结我国学生管理工作的经验和教训。学生管理是一种既古老又年轻的社会工作，它伴随学校的产生而产生，有着悠久的历史传统和崭新的时代内容。中国共产党早在初创时期就在学校开展学生工作，有九十多年学生管理工作的历史，积累了丰富的经验。中华人民共和国成立后，我国的学生管理工作也有着许多值得认真研究的理论知识与实践特色，从改革开放到小康社会的建设，每个时期都有不同的学生管理工作理论基点和实践探索，这些都值得我们从事学生管理工作的相关人员认真学习、探讨、分析和思索。

第三，批判地继承历史上学生管理工作遗产，借鉴国外学生管理工作的经验，吸纳教育学、社会学、政治学、心理学、系统管理学、文化学等相关学科的知识理论，构建具有中国特色、符合时代精神的学生管理模式。中国是一个历史悠久的文明古国，几千年来，我们的祖先在学生教育和管理中积累了丰富的经验，这是宝贵的历史文化遗产，应当批判地继承，做到古为今用。同时，我们还应大胆借鉴国外学校的学生管理经验，去伪存真、博采众长，做到洋为中用。这样才能构建具有中国特色的学生管理的理论体系，并以此指导实践，形成高效的、有益于学生身心健康成长和成才的学生管理模式。

第四，加强科学研究，注重实践探索，不断发展学生管理工作的理论体系，推动学生管理工作模式健康运行。尽管学生管理工作有着丰富宝贵的实践经验和悠久的历史传统，但就总体情况而言，它与不断发展的中国特色社会主义的形势和发展趋势还存在着某些不适应，还面临着许多亟待解决的问题，无论是从理论要求上，还是从实践需求上，都需要科学化、理论化、法治化、人性化等诸方面的规范。因此，作为学生管理工作者，必须加强学生管理工作的科学研究，大胆探索、不断创新，切实把握学生管理面临的新问题、新内容和新特点，努力用新方法、新思路和新手段去适应学生管理的新规律和新形势，使学生管理的理论与方式与时俱进，不断得以丰富和完善。

第二节　学生管理的特点和作用

学生管理是学校管理的一个重要分支，是学生管理理论与实践的高度综合与概括。半个多世纪以来，我国学生管理的实践证明，对学生的成功管理，必须以马克思主义理论为指导，必须与时俱进，必须从我国的实际情况出发，同时又要遵循学校管理的基本规律，把握学校的特点。只有这样，才能使学生管理产生积极的效益，确保学生成才。

一、学生管理的特点

(一) 政治性

管理是一种有目标的活动，管理工作必然具有某种方向性。这种方向性在特定的时期体现为政治性。当前，学生管理必须紧紧围绕为全面建设小康社会、为中国特色社会主义培养合格人才这一中心目标服务，这是我国目前学生管理工作中一个本质特点。学生管理工作作为一种手段，是为教育方针服务的，而教育方针是一定时代的政治、经济和文化等现实在教育领域的反映。众所周知，中外教育史上都有重视德育的传统，但不同时代、不同社会，其德育中德的内涵是大不相同的。例如，欧美等西方国家与中国都在教育中强调了人本思想，但由于政治、文化的不同，欧美学校教育中的"人本"是个人本位的人本思想在教育中的反映，而中国教育中的"以人为本"则是一种以广大人民群众利益为本的集体本位的人本思想，或者说是"民本"，因此其本质意义大相径庭。欧美等西方社会强调的个人本位"人文"教育，其目的是为他们的社会培养接班人；我国强调的集体本位思想政治教育，是为中国特色社会主义事业培养建设者和接班人。这就是教育方针的政治性。学生管理无疑是要为教育方针服务的，当然也就不可能不在其工作中体现出政治性。学生管理工作的政治性，决定了学生管理工作者必须具备应有的政治素质，不断提高自身的政治敏锐性，时刻关注政治局势，把握大局，保持与党中央的高度一致。

（二）针对性

学生管理既然是管理，就不可能离开管理学科的特点，它不可避免地要吸收国内外相关管理科学方面的理论知识体系和工作经验。但学生管理不同于一般的管理，它有着自己的特殊性。这些特殊性至少表现在以下四个方面：第一，管理的对象是学生（社会角色而言），他们本身就是一个特殊的社会群体，是一群掌握着一定基础知识和专业知识的潜在人才群体；第二，管理的对象是青少年（生理、心理角色而言），他们处于血气方刚、激情澎湃、感情冲动、充满朝气的人生阶段；第三，这种青少年群体与军事编制中的军人青少年群体是不同的，他们的首要任务是学习，而非战斗；第四，管理的对象是正在接受知识教育和思想道德教育的青少年群体，他们是一个处于想独立而在经济上又不能独立的半独立状态的青少年群体。上述四个方面的特点决定了学生管理的针对性，决定了学生管理必然涉及生理学、心理学、教育学、人才学和管理学等诸方面的知识体系。

从青少年（含生理学、心理学）的角度而言，我们应当看到，学生管理面对的是一群朝气蓬勃的年轻人，他们的世界观、人生观、价值观尚未完全定型，他们对异性的关注、与异性的交往、对爱情的渴望、对性道德的理解和对人生的理解等，都有着我们这个时代的烙印，受到所处时代环境的影响，与20世纪五六十年代成长起来的一代人是有着明显区别的。要管理好他们，就必须研究了解他们；要研究了解他们，就必须把握时代特征；要把握时代特征，就必须弄清这个时代的政治、经济、文化及科学技术发展的大方向。

从教育学的角度而言，学生管理必须有利于学生的成长，必须符合教育规律。换言之，就是学生管理必须按教育学、人才学所揭示的规律来进行。比如，学生德育、智育、体育之间的关系如何在学生管理中有机融合的问题；知识的获得与能力的培养如何有机协调的问题；尊重学生个性与学校统一管理如何获得有效一致的问题；课堂教学与社会实践如何结合的问题等，都是需要认真研究探索的。

从管理学的角度而言，科学的管理从本质上讲是法治化、人性化的管理。管理的有效实施离不开规章制度的建设，而法律与规章制度的制定往往是以一定的理念为指导的。在法学中，指导法律制定的是法理（法律理论）；在政策学中，指导规章与政策制定的是政治理论和与政治理论相关的哲学理论。由于法律与规章政策两者所针对的都是人，所以，两者都离不开对人的理性化认识。也就是说，如果一种规章制度是与受它管束的人的本性相悖，是非人性化的，那么，这个规章制度必然得不到良好的执行，即使执行了，也会带来许多负面影响。对于学校来说，这种负面影响必定是不利于学生成长和人才培养的。

（三）科学性

对于学生而言，建立一套集德、智、体及日常生活管理于一体的系统管理制度，其实质是一种约束和规范，即把学生的思想、情感、行为和意志等引导到国家所倡导的培养目标上。这一活动目标的实现，要求制度具有科学性。学生管理制度的科学性至少包括以下几个方面的内涵：

（1）符合法律法规。即要求我们的学生管理制度符合国家法律法规精神的要求。

（2）符合学校的实际。学校的实际包括学校的层次类型以及学校所在地的地域人文风情。

（3）符合学生的生理心理特点。这就要求学校的学生管理制度制定者必须了解学生，既了解学生的实际情况，又清楚我们的培养目标与要求。

（四）具有可操作性

作为管理制度，尽管有理论指导，又与理论有所不同，其最大的特点就是它必须具有可操作性才能真正达到管理的目的。没有可操作性的所谓的制度，再好也只能是理论上正确而不能执行的制度。如果不顾实际情况，不根据发展了的政治、经济形势和法律规章而坚持推行在原来的形势下制定的相关规定，其结果必然是"无法操作"的无效制度，导致的最终结果是不利于学校的发展、学生的成才，更不利于党的教育方针的有效实施。

二、学生管理的作用

实现全面小康，需要千百万建设社会主义事业的专门人才，而学校在现代社会中是人才的"加工厂"，担负着培养人才的重大责任。学生管理工作是学校教育管理工作的重要一环，其责任总体上与学校的根本任务是一致的。这种责任决定了学生管理工作的重要作用，它主要反映在以下几个方面。

（一）育人作用

学生管理是学校管理的重要方面，学校是人才培养的基地，学校管理是为培养人才服务的，学生管理更是直接针对学生的，但这种管理却与一般意义上的管理不一样，它不是单纯的管理，而是带有教育性质的服务，即不仅要通过管理促进学校的有效运行，而且要通过管理达到教育目的，使学生成为学校的合格"产品"。也就是说，学校的学生管理是一种"管理育人"的管理，这种管理要与学校的教学、思想政治工作和心理健康教育等一系列工作有机结合起来，产生一种管理育人的效果，促使党的教育方针在学校真正得到落实。

（二）稳定作用

学生是一个特殊的社会群体，他们具有朝气蓬勃、充满激情、追求真理、关心时事的特质；同时也有着容易冲动、互动性强、易走极端、时有盲从、阅历较浅、情绪不如成年人稳定等不足之处。与其他同龄人相比，他们掌握着更多的知识，但较之真正的知识分子，他们的知识又存在结构上的缺陷和知识量上的不足。这样一个大的群体集合在一起，各种矛盾冲突在所难免，处理不当，极易发生群体性事件。在全面建设小康社会的过程中，各种政治、经济、社会和文化等方面的矛盾必将反映到学生中来，如果管理不到位，缺乏敏锐的政治意识，学校的群体事件就可能演变为政治性群体事件，从而给社会的稳定带来威胁。因此，依法管理，通过制定并实施符合学校实际的规章制度，引导学生端正学习态度，明确学习目的，掌握正确的学习方法，养成良好的生活习惯，通过各种渠道和措施为学生建构良好的心理品质，形成稳定的情绪，从而保持学校的稳定，是学生管理的又一重要作用。

(三) 增强学生能力的作用

学校是培养人才的场所，因此，学校的学生管理应有培养学生的功能，应发挥增强学生能力的积极作用。例如，社会实践的管理，可以增强学生的社会实践和社会活动的能力；实验室的管理，可以增强学生的动手能力；心理咨询可以提高学生自我认识、自我调节的能力；学生的党团活动可以提高学生对党团的认识水平等。

第三节 学生管理的研究方法

学生管理的研究方法，要以马克思主义、毛泽东思想、邓小平理论、"三个代表"重要思想、科学发展观和习近平新时代中国特色社会主义思想为理论指导，并结合办学育人的实践。在具体实践中，可从以下几个方面研究学生管理。

一、联系的方法

这一方法是指既要注意学校内部的管理问题，又要注意学校外部的管理问题；既要研究宏观管理的现象，又要探寻微观管理的规律。

二、调查研究的方法

这一方法主要重在搜集原始数据，汇集感性经验，通过定量与定性的科学分析研究，提高理论认识，使学生管理研究的成果具有实际的数据支撑和理论支持。其主要有网络调查、抽样调查、问卷调查和随机谈话调查等方法。

三、比较研究的方法

这一方法主要通过系统研究古今中外学生管理的历史沿革、实践经验和理论见解，进行纵向和横向的比较，发现政治、经济、文化及时代精神对学生管理的影响，从中发现其规律性的内容，并提升为理论，用于指导学生的管理，古为今用、洋为中用、与时俱进、推陈出新，以实现学生管理制度的创新。

四、实践的方法

这一方法要求我们要有大胆试验、"摸着石头过河"的勇气：在"实践→认识→再实践→再认识"的循序往复中逐渐掌握学生管理的规律，实现从必然王国向自由王国的转化。

五、个案研究的方法

所谓个案研究方法，就是通过对某一被实验的管理工作进行纵向的、长时间的连续观察和实验，从而研究其管理行为产生的结果以及发展变化的全过程，总结某些具有规律性特点的方法，又称"解剖麻雀法"。

六、对立统一的方法

这一方法应注意管理与教育、管理与放松、管理者与被管理者之间的复杂关系。

学生管理的研究方法不限于此，上述管理方法仅仅是其中几种重要的研究方法。当然，每种研究方法都有其特点、优势与不足之处。在研究学生管理工作时，应根据时代精神、管理对象变化状况、办学思路的变化、具体地区与当时形势的差别，对不同的研究方法进行选择，有时可侧重其中几个方面的方法，有时可同时采用更多研究方法，而不必拘泥于形式。

第四章　学生信息技术培养与管理

第一节　信息技术教育的地位与作用

在面向新世纪的基础教育新课程改革中，信息技术教育和信息技术课程的地位日益突出。信息技术已经成为当代课程与教学的最基本要素，成为教育改革和发展的重要内容，而信息技术教育的地位也在发生明显的变化，正在从课程的边缘走向中心，从课程的配角逐步转变为主角。深刻体会和认识导致这种变化的时代背景条件，我们可以更加清楚地认识到信息技术教育在现代教育中的地位和作用。

一、信息技术教育的地位

(一) 信息素养已经成为信息时代人的基本素质要求

在现代社会中，信息正日益成为社会生活中最活跃、最具有决定意义的因素，随着信息技术的迅猛发展，作为信息载体和通道的互联网极大地改变着我们的生活方式、生活观念，深刻地影响着我们的时代发展。可以说，从来没有哪个时代，能够让我们如此方便快捷地获取知识和信息。但面对泥沙俱下的信息洪流，如何实现对信息及信息技术的正确理解、利用和把握，则是时代对信息社会的公民所提出的一项新的基本能力要求。虽然信息技术本身的发展很重要，但是信息技术的推广和使用最终还需要提高大众运用信息技术的能力。也正是如此，一个崭新的概念——信息素养成了全世界关注的热门话题。

当前，信息素养不仅已成为评价人才综合素质的一项重要指标，而且成为信息时代每个成员的基本生存能力。一方面，信息素养是思维能力、问题解决能力、决策能力和合作能力的基础，这些能力的有机整合就形成个人的综合能力，具有这种综合能力的人就会具有较强的实践能力和创新能力；另一方面，信息素养是终身学习的基础。[①] 一个人的学习能力与工作能力，在现代企业生产、科研、商贸和社会交往中，实际体现为对信息工具的掌握和使用。具备一定的信息素养，学习者就能获得学习的内容，对所做的研究进行扩展，能够更好地自我导向，对自己的学习进行更为有效的控制。

（二）开展信息技术教育是时代发展的必然要求

随着信息技术在国家发展战略中地位的提高，提高国民信息素养教育的要求也越来越迫切，而且开展信息教育、培养信息意识和信息能力不仅是现代社会对未来教育提出的一项新的要求和挑战，同时也已成为当今世界教育改革的必然趋势和重大问题。美国作为以知识和信息为主要特征的新经济社会的先行国，在信息素养教育方面下了很大力气，并率先制定了学生信息素养标准。我国也已在各教育阶段全面开设信息技术课程，并提出了信息素养教育和培养目标的六要素，即"信息获取能力、信息分析能力、信息加工能力、信息创新能力、信息利用能力、协作意识和信息的交流能力"，由此推动了信息素养教育的全面发展。

通过信息技术课程学习可以使学生具备获取信息、传输信息、处理信息和应用信息的能力，从而培养学生良好的信息素养，把信息技术作为支持终身学习和合作学习的手段，为适应信息社会的学习、工作和生活打下必要的基础。

（三）开展信息技术教育是基础教育改革顺应时代发展的必然要求

在面向 21 世纪的基础教育改革探索中，我国政府越来越深刻地认识到信息技术教育在培养面向信息时代的建设者中的重要作用。针对此种情况，《国务院关于基础教育改革与发展的决定》作出了更加具体的部署：全国乡（镇）以上有条件的学校要基本普及信息技术教育。大力普及信息技术教育，以信息化带动教育现代化。有条件的地区要统筹规划，实现学校与互联网的连接，

---

① 沈琳. 国外信息技术教材分析及单元教案设计研究 [D]. 上海：上海师范大学，2012：33-35.

开设信息技术课程，推进信息技术在教育教学中的应用……积极支持农村学校开展信息技术教育，国家将重点支持中西部贫困地区开展信息技术教育。

二、信息技术教育的作用

(一) 信息技术教育可以使课堂教学生活化

我们之所以学习，就是为了更好地生活，因此学习应该更加生活化，日常教学的课堂也应该如此。对于学生而言，传统教学模式下学生学不到知识，更不要说将知识运用到生活中，鉴于此，教师在设计教案时应该从实际生活出发，借助现代信息技术手段建立知识点与生活之间的联系，将教材改编成学生感兴趣的故事或者实践活动等，这样学生就会产生更强的认同感，形成从形象感到抽象思维的转变。

(二) 信息技术教育提高了学生的学习能力

现代信息技术的特点是与海量的知识资源链接，同时，信息技术集多重功能于一身，通过声、色、形、动等展示效果，可以唤起学生的兴趣，激发学生的思维，激励学生积极主动地投入学习中去，对学生的观察能力、思维能力、表达能力都起到一定的锻炼作用。在实际教学过程中，对低年级的学生，教师可以通过信息技术结合主题教育的方式，寓教于乐展开教学；对中年级的学生，教师可以利用多媒体创设问题情境，引发学生的思考，建立实际生活与知识之间的关联，营造学生熟悉的环境，带动学生学习；对高年级的学生，教师可以将课堂教学打造成社会课堂，正视学生存在的客观差异，尊重每一位学生的主体地位，让每一位学生都在简单快乐的氛围中学习，引领他们逐渐适应这个高速发展的社会，帮助他们掌握基本的获取、处理、交换信息的能力。

综上所述，信息技术教育进入学校是教育改革顺应时代发展的必然体现。目前，信息技术教育已经成为重要的课程，成为我国综合实践活动课程的四大指定领域之一。在新课程改革中，研究性学习是综合实践活动的基础，也是综合实践活动的核心，信息技术可以为研究性学习提供学习的平台、技术的支持和广阔的操作空间，这也是将信息技术纳入综合实践活动的原因之一。

第二节　学生信息技术素养的内涵

一、信息技术素养概念的提出

信息素养这个概念是美国信息产业协会主席保罗·泽考斯基（Paul Zur-kowski）在1974年提出的。最初是从图书馆检索技能发展和演变过来的，当时的人们将信息素养定义为："利用大量的信息工具即主要信息源使问题得到解答时利用信息的技术与技能。"后来又将其解释为"人们在解答问题时利用信息的技术和技能"。而随着信息技术特别是互联网的高速发展，推动了信息时代的来临，从而使这一概念具有了全新的内涵。现在，信息素养被认为是一种现代社会成员的基本生存能力，而对这种能力的理解包括两个不同层面的意义，即技术和人文。

在20世纪80年代以前，关于计算机教育的理解还远远没有到达今天我们所理解的信息技术教育的程度，由于受到当时的"计算机文化观"的影响，程序设计是计算机教育的主流，而计算机的工具价值没有得到体现。随着网络技术的兴起，计算机日益广泛和深入地影响着人们的生活，计算机成为人们生活中的重要工具，"计算机工具论"成为计算机教育的主流思想。在过去的10年，随着网络的深入和全面发展，人们对于计算机教育的内涵有了更加深刻和全面的认识，用"信息素养"的概念来整合我们对于计算机教育的内容已经成为越来越广泛的共识。

信息素养在技术层面的内容主要包括两个方面：一是信息知识，二是信息能力。所谓信息知识，是人们在利用信息技术工具、拓展信息传播途径、提高信息交流效率中所积累的认识和经验的总和，它是构成信息素质的基础。通常，通过技能训练，在掌握了相应的信息技术之后，它可以成为人所能掌握的，实现对信息的搜索、分析、判断以及运用的能力。[①] 但是，掌握一定的计算机知识并运用同样的技术载体进入互联网，不同的人却可能有着完全不同的收获。我们曾经碰到过这样的问题：为了求解某一问题，进行某种决策，需要大量收集信息、理解信息、分析信息，并将有关信息送入计

[①] 王大武，张权科.浅谈中学信息技术课程中人工智能的教学 [J].实验教学与仪器，2018(2)：42.

算机，以一定的处理软件对信息进行处理。最后，根据处理的结果，作出相应的决策，这是一种以信息技术求解的过程。但是有时候在根据处理的结果进行决策时，我们发现这种决策与逻辑的分析，与以其他方法进行决策的结果相矛盾。经过反复评价、研讨，发现基于计算机处理的决策是错误的。显然，计算机的操作、软件的使用方法是完全正确的，产生错误的原因在于信息的收集、信息的理解和信息的分析者是否能够有效地获取、加工和利用信息。这说明仅有信息技术和相应的知识还不够，在信息知识的基础之上还需要一种能力——信息技术素养。这种信息能力，包括操纵信息工具的能力、检索获取信息的能力、加工提炼信息的能力、整合创建信息的能力、交流传播信息的能力等。如果说，信息知识是一种知识的积累，那么，信息能力更多体现的是一种对这种知识的有效运用和创新的能力。

在人文层面，信息素养的内容就有比较大的争议。从基本内容上讲，它包括信息意识和信息伦理。信息意识是指个人具有信息需求的意念，对信息价值有敏感性，有寻求信息的兴趣，具有利用信息为个人和社会发展服务的愿望。而信息伦理则是指个人在信息活动中的道德情操，能够合法、合情、合理地利用信息解决个人和社会所关心的问题，使信息产生真正的价值。在信息技术教育中，这往往是容易被人们所忽视的部分。

归纳起来，信息素养是指人所具有的对信息进行识别、加工、利用、创新、管理的知识能力与意愿等各方面基本品质的总和，强调的是个人在进行有关信息活动时的身心发展总水平。它不仅反映的是人们利用信息的意识和能力，而且也反映了人们面对信息时的心理状态，也可以说反映的是信息时代人们在网络环境中的一种数字化生存能力，进行信息素养培养将是个人能力教育的重要内容。

二、学生信息素养的内涵

学生信息素养是指学生利用各种信息工具的能力，是识别获取、评价判断、加工处理、生成创造、参与交流信息的能力，是一种终身学习和自主学习的能力。核心就是运用信息资源解决问题和进行创新活动。这些能力在信息技术学科的学习中都有涉及。学生信息素养的高低是衡量一个人综合运用信息为己所用的能力，是信息时代学生的必备素质。学生通过信息技术课程的系统学习，信息素养会得到进一步的提升。

从学习所达成的学生发展目标而言，我们可以把信息素养的目标分为以下六个大类：

（1）理解基本操作和概念。学生能理解技术系统的特性和操作；精通技术的使用。

（2）认识社会、伦理及人文问题。学生能够理解与技术相关的伦理、文化和社会方面的问题；能够负责地使用技术系统、信息和软件；形成使用技术的正确态度，从而有利其终身学习、合作、个人发展及提高工作效率。

（3）运用技术效能工具。学生能利用效能工具加强学习、提高工作效率、发展创造力；能利用效能工具合理地建构技术支撑的模型、发表作品和进行其他创造性的工作。

（4）运用技术通信工具。学生可以利用各种远程通信与同学、专家等进行合作、交互；能利用各种媒体形式与各种各样的人进行信息交流和思想交流。

（5）运用技术研究工具。学生能利用工具从各种途径检索、评估和收集信息；能利用技术工具处理数据、报告结果；能对新的信息资源和技术创新进行评估和选择。

（6）运用技术问题求解和决策工具。学生能利用技术资源解决问题，作出决定；能在真实世界利用技术作出决策，解决问题。

总之，信息素养教育包含着丰富的内容。从广义上看，我们要从信息意识情感、信息伦理道德修养、信息科学技术常识、信息技术操作应用能力四个方面培养学生的信息素养；从狭义上讲，要重视培养学生获取信息、分析信息、加工信息、评价信息、表达信息、运用信息和发布信息的能力，以发展适应知识经济时代需要的人才的整体素质。这种能力与传统的"读、写、算"能力一样重要，是信息社会对人才提出的最基本要求。把综合主题、综合项目与信息技术教育有机融合的实践活动，将为这种能力的培养提供十分有利的环境，课程设计也必须围绕着培养信息素养的各个层面展开。

第三节　信息技术教育的组织与实施

如何有效地组织和实施信息技术教育？在长期的信息技术教育实践中，各国提出了不同的信息技术教育组织形式，对不同阶段的学生提出不同的目标要求，我国把信息技术教育设置为综合课程的一部分。对照我国当前的信息技术教育实施现状，我们可以发现我国当前在信息技术教育的组织和实施方面还面临着一系列亟待解决的问题。

一、信息技术教育的组织

当前，我国信息技术教育的组织主要包括以下三种形式：一是开设信息技术课程；二是加强信息技术课程与其他课程整合；三是通过综合实践活动来实施信息素养教育。

(一) 开设信息技术课程

《信息技术课程》进入学生课堂，使得我国青少年信息素养的教育和培养有了根本的保障。为使对青少年信息素养的培养和教育落到实处，在信息技术教育实施过程中，课程目标要考虑到学生的心智发展水平和不同年龄阶段的知识经验与情感需求。

我们必须清楚的是，信息技术课程有别于传统的计算机课程，计算机课程是把计算机作为课程的学习对象来学习，而且是唯一的学习对象；而信息技术课程则把计算机作为课程的学习工具来学习，并且是学习的工具之一，强调的是使学生具备使用各种信息工具和掌握各类信息资源进行学习的能力，通过学生对信息技术知识和技能的掌握与利用，不断提高他们的信息意识和能力，使学生学会学习、学会思考、学会合作、学会创造，以利于学生综合素质的不断发展。

从教学方法而言，信息技术教育的实施与传统的计算机课程有所区别，传统的计算机课程强调的教学方法是讲练结合，忽视学生自我探究能力的培养，压抑学生的主动性和积极性，忽视学生在课堂学习的主体地位。信息技术教育不但是课程内容的革新，也是学习方法的单新，传统的讲练结合的模式不能应用于信息技术教育，而应该探索新型模式，有关学者提出了新型的信息技术学习模式，强调研究性学习、探究性学习、协作性学习和自主性学习等多种学习方式的整合。教学方法和模式的革新必然激发学生的学习兴趣，充分体现学生的主体地位。信息技术课程的教学应该贯穿能力本位的思想，目的不在于给学生灌输了多少知识，而侧重于对学生能力的培养。一是学习使用信息技术的能力，二是使用信息技术进行学习的能力。

（二）加强信息技术课程与其他课程整合

信息技术课程与学科课程的整合不是将内容简单地混合起来，而是要有机结合。开设必要的技术课是基础，但更重要的是为学习者提供应用信息技术的情境，创设应用信息技术的学习环境，整合是有效的途径。整合是以信息技术为基础、为学习工具、为认知工具，以具体学科任务、研究课题来驱动学习过程，使学生充分发挥学习主体的作用，主动利用信息技术获取、处理、加工信息，与他人进行广泛而深入的交流与协作，探索解决问题的方法，从而最终实现信息素养与学科教育培养目标的有效达成。

（三）通过综合实践活动来实施信息素养教育

信息技术教育是综合实践活动的基本形式之一，是综合实践活动的重要内容，作为一门独立的课程，综合实践活动主要是通过以下几个方面来开展信息技术教育的。我们为什么要把信息技术教育作为综合实践活动来开设，其原因就是综合实践活动与信息技术结合彰显的巨大作用。

第一，综合实践活动回归生活现实，在问题活动中培养信息素养。信息技术只有与社会生活紧密结合，才能彰显其巨大的价值。相反，信息技术与社会生活相脱离，将使信息时代、信息社会失去意义，而不复存在。学生是从属于时代和社会的，他们具有超常敏感的时代性、社会性，将学生的信息素养培养仅局限于课程、课本和学校的做法，割裂了学生与社会之间的必然联系，是不完整的，不利于学生的全面发展和进步。一方面学生参与社会政治、经济、文化、科技、环境保护等社会活动日益增多；另一方面随着课程改革的深入，学生在参与课程（尤其是地本、校本课程及综合实践活动课程）建设与开发活动中，与社区、社会生活的联系日益密切，学生的社会生活面临着重新建构，其中发现问题、分析问题、解决问题的"问题活动"将成为学生社会生活的重要内容。在这些源于生活或贴近生活的"问题活动"中，信息技术的运用将实现学生个体与社会信息的重组与统一。同时，通过信息收集、比较、概括等方法扩展、增殖信息，并在信息扩展与增殖的过程中，培养学生的信息素养。

第二，综合实践活动回归社会活动，在交流交往中培养信息素养。没有信息交流就没有群体、社区、社会。信息技术是信息交流的第一需要，信息技术的进步不但扩展了信息交流的时空，而且给人们带来了生活方式、工作方式、学习方式、人际互动方式的变化。[①] 信息交流应当是信息技术教育的基本问题。学生是归属于一定社会群体的，其个体与他人、与社会有着千丝万缕的联系，具有鲜明的社会性、互动性。学生在实际交流交往活动中，建立了个体与群体、单向与多向、直接与间接、纵向与横向、跨时空与跨文化等多元交流交往。无论在合作学习、探究学习等学习活动中，还是在日常生活的团体活动中，信息技术的运用将大大拓宽信息技术教育的范畴，把信息技术教育从单纯强调个体作为的个体活动中解放出来，融入广阔的社会群(团)体活动中，培养学生的信息素养，促进学生在信息社会的社会化。

第三，综合实践活动回归文化视野，在信息文化建构中培养信息素养。在信息技术教育中，只强调技术能力而忽视人文观念，是不利于人的全面发展的，因此，信息技术教育理念必须提升到文化层面。站在文化视角，信息技术教育将有质的升华——从单纯的信息技能训练走向整体的信息文化素养积淀。传统的信息技术教育仅站在技术能力的角度，忽视与脱离了文化视野，影响了学生完整的信息素养的发展。学生正处于人生发展的可塑时期，我们必须在培养学生信息技术能力的同时，教育学生自觉遵守与信息活动有关的道德、法律、法规，健全学生的人格发展。

信息技术教育的实施受到信息技术教育实施环境的制约。信息技术教育实施环境可以分为以下三个部分：一是信息技术基础设施，二是教师教育，三是信息技术教育资源建设。信息技术基础设施建设是整个信息技术教育的物质基础，信息技术教育活动必须在一定的信息技术基础设施基础上建

---

① 薛靖. 人工智能背景下中学生信息技术教育浅析 [J]. 科技经济导刊，2018(18): 148.

立起来。信息技术教育资源建设是信息技术教育活动的资源基础。信息技术教育的教师教育是信息技术教育开展的关键性因素。因此，信息技术教育必须关注其学习环境的建设，建立良好的信息技术教育实施环境，才有利于信息技术教育的有效开展。

二、信息技术教育的实施

(一)信息技术教育的实施原则

如何提高信息技术教育的效果？相对其他学科课程而言，信息技术教育有自身的特点，它的教学本身有自己内在的固有特征，把握这些内在的规律和原则有利于提高信息技术教育的有效性。

1. 打破模块，有针对性地教学

现在已进入信息时代，熟悉有关信息技术的名词、术语，已经成了一个公民应该具有的基本素质；是否掌握信息及信息处理的基本思想与方法，已经成了与读、写、算一样重要的基本能力。因而，让学生了解、理解或初步掌握有关信息技术的基础知识，就成了信息技术教育的一个重要目标。然而，由于受学生的知识结构、认知水平、心理和生理特点的限制，不应一开始就向学生介绍系统的信息技术知识。

2. 任务驱动，学做结合

传统的观念认为，学和做是两个过程，知识的获得和知识的应用是两个过程，必须先学了、先知道了，才能去做，去解决有关的问题。所以，传统的教学方法是先按菜单进行讲解，把菜单上的项目一条一条地逐一介绍，学生听起来空洞、枯燥、无味，离生活、学习相距甚远。本来是学生最喜欢的东西，却让学生越来越感到乏味。

建构主义学习理论与建构主义理论相适应的教学模式概括为：以学生为中心，在整个教学过程中由教师起组织者、指导者、帮助者和促进者的作用，利用情境、协作、会话等学习环境充分发挥学生的主动性、积极性和创新精神，最终达到使学生有效地实现对当前所学知识意义建构的目的。

"任务驱动"就是将所要学习的新知识隐含在一个或几个任务之中，学生通过对所提的任务进行分析、讨论，明确它大体涉及哪些知识，并找出哪些是旧知识、哪些是新知识，在教师的指导、帮助下找出解决问题的方法，最后通过任务的完成来实现对所学知识的意义建构。

任务驱动的教学方式，是在问题解决中学习，教师针对学生所要学习的内容设计出具有思考价值的、有意义的问题，首先让学生去思考、去尝试解决。在此过程中，教师提供一定的支持和引导，组织学生讨论、合作，但这都不应妨碍学生的独立思考，而应配合、促进他们的探索过程。

3. 主动探索，充分发挥学生主动性

在教学中，教师不要直接告诉学生这是什么、为什么要这样、怎样去解决所面临的问题，要完全相信学生。有的教师总是对学生不放心，总认为我不说，学生可能就做不好，甚至不会做。其实学生的潜能是很大的，就等教师去发掘。而教师要做的就是向学生提供解决该问题的有关线索，对学生的自主探索提供方法指导，为学生构建向上攀爬的支架。学生通过自己在计算机上进行操作，体验成功与失败，正确评价自己的认知活动，从中获取对知识的正确理解，探求问题的最终解决办法。学生在遇到困难时，可以向教师、同学、书本、软件等寻求帮助，以培养学生获取信息、鉴别信息、处理信息的能力。

4. 互相帮助，加强协作

协作是建构主义学习理论的四大要素之一，学习者与环境对知识意义的建构起着重要作用。学生在教师的组织和引导下一起讨论和交流，建立协作小组。通过合作完成一个共同的任务、小组成员之间讨论与辩论、结成伙伴、竞争等形式，使得学生的学习活动更加生动、活泼和丰富多彩。同学和教师都是促进学习的帮助者。教师可以促进学生的沟通，启发学生要学会表达自己的见解，学会聆听他人的意见、理解他人的想法，学会评判、接纳和反思。通过这种协作和沟通，学生可以看到问题的不同侧面和解决途径，开阔学生的思路，从而对知识产生新的理解。这样的协作学习，使学习者的思维与智慧可以被大家共享。

(二) 信息技术教育的实施方法

首先，要激发学生的学习积极性和兴趣。学生的兴趣和情感等心理因素对其认识过程会产生重大影响，当学生对所学的知识产生兴趣和积极的情

感时，就会从内心迸发出向往和求知的强烈欲望，产生积极、主动的学习动机。学习活动就不再是一种负担，而是一种享受、一种愉快的体验，学习效果也会事半功倍。多媒体技术集声音、动画、图像等各种技术于一体，可以更好地刺激学生的各种感官，激发学生的学习兴趣。

其次，要创新教学方法。纯粹的信息技术知识琐碎而枯燥，如果不对教学内容和手段进行精心的设计，学生必然会产生"厌学"的情绪，要想让学生"爱学"，就要把信息技术知识有机地融入学生喜闻乐见的任务中。

再次，引入趣味方法。学生之所以爱玩游戏，有一个很重要的原因就是游戏具有挑战性，经过努力就可以获得成功的体验。如打字部分的教学很枯燥，我们可以采用一个打靶游戏软件让学生练习指法，并对学生的成绩进行统计记录，做成名为"射手榜"的网页放在局域网上，每个学生都可以看到，鼓励学生挑战"高手"，并根据学生成绩对网页及时更新，掀起学生练习打字的热潮。

最后，鼓励参与，让学生在参与中体验成功。在教学中注意采用多种形式引导学生积极参与到课堂教学中。在参与中教师应该设置不同级别的教学要求。教师提出的任务可以分成基本任务和扩展任务，只要完成了基本任务就算完成了任务，让绝大多数学生体验到成功的喜悦，有助于提高学生参与教学的积极性。同时，扩展任务又为学生留下了探索的空间。参与性教育应该引入合作教学的机制，教学任务的提出采用学生感兴趣的模式。例如，把教学任务的几个步骤采用"闯关"的形式，制作成 Flash 动画播放。将学生分成几个小组，哪个小组最先闯关成功，就成为最终的获胜者。这可以极大地调动学生的积极性，同时也促进了学生的协作学习能力。

第四节　信息技术与学科课程的整合

《基础教育课程改革纲要（试行）》中提出：大力推进信息技术在教学过程中的普遍应用，促进信息技术与学科课程的整合，逐步实现教学内容的呈现方式、学生的学习方式、教师的教学方式和师生互动方式的变革，充分发挥信息技术的优势，为学生的学习和发展提供丰富多彩的教育环境和有力的学习工具。

当代课程理论发展日益突破学科中心的限制，强调课程和学生生活现实的联系，强调学生的经验和体验，强调课程本身的综合化。因此，实现信息技术与课程相整合是当代教育理论研究和社会发展的必然趋势，同时也是当代教育改革的重要突破口，特别是对于基础教育课程改革而言更加具有深刻而长远的影响。

一、信息技术与课程整合的内涵

以计算机为核心的信息技术主要是指多媒体计算机、教室网络、校园网和因特网等。信息技术教育与综合实践活动的整合，就是发挥新思想、新观念和新技术的优势，通过教与学把信息技术与综合实践活动融为一体，整合优质教育资源，把信息技术作为促进学生获取信息、探索问题、协作讨论、解决问题、自主学习和构建知识的认知工具与情感激励工具，促进信息技术教育与综合实践活动同步发展，提高教与学的效率、改善教与学的效果，促进传统教学结构与教学模式的根本改变，从而达到培养学生创新精神与实践能力的目的。

所谓"整合"，是指在学科课程教学中广泛应用信息技术手段，把信息技术作为学生学习的认知工具和教师变革教学行为的工具，为课程提供资源、创设教学环境，使信息技术与课程有机地融合在一起。可见，信息技术与学科课程的整合不是把学科教学整合到信息技术中，而是把信息技术有机地融入学科教学中去支持学科教学、服务于学科教学。因此，必须考虑结合学科教学的特点才能实现整合。信息技术作为一种工具，它同语言、文字等工具具有相同的功能，它就应该共享和其他工具所共有的特征。

信息技术与课程整合，不是被动地纳入，而是主动地适应和变革课程的过程。信息技术与课程的整合，将对课程的各个组成部分产生变革影响和作用。确切地说，信息技术本身不能自然而然地引发课程的变革，却是课程改革的有利促进条件。正是由于信息技术的快速发展，产生了学习革命，诞生了知识经济，才使人类迈入信息化社会。基于信息技术的现代教育技术与课程的整合本身就要求变革人的传统的课程观、教育观和教学观以及学习观等，应该尊重人的独立性、主动性、首创性和反思性、合作性。信息技术与课程整合将有利于营造新型的学习型社会，营造全方位的学习环境。

信息技术与课程整合的实质是课程信息化。在实践上它包括两个方面：信息技术课程化和学科课程信息化。信息技术课程化研究把信息技术作为一门独立的课程，研究信息技术作为独立课程的目标、内容与评价。学科课程信息化是要把信息技术融入学科课程的各个方面，让学科课程内容信息化、课程实施过程信息化、课程评价信息化。

在综合实践活动中进行信息技术与课程整合是课程整合的重要组成部分，它是培养学生信息素养、协作能力等的良好方法。在综合实践活动中，教师应尽可能地设置联系学生学习、生活和社会实际的有意义的"任务"情境来提出课题，让学生以小组合作的形式收集信息、加工信息、应用信息，最后教师综合学生的调查情况，开一个报告会，对学生进行激励评价。

二、信息技术与课程整合的目的及意义

信息技术与课程整合最高的目标乃是有效地改善学习。在信息技术没有与课程整合之前，学生的学习仍然进行，并能够取得一定的学习效果。信息技术与课程整合后，将有效地改善学习，革新传统学习观念，改善学生的学习方式，改善学习资源和学习环境，构筑面向未来社会的学习文化。信息技术与课程整合可以提高教学质量，也可以在一定程度上提高学生的信息素养。计算机辅助教学则主要是为了提高教学效率，结果是有限度地提高了教学质量。

不同的学者对于信息技术与课程整合的目的及意义提出了具体看法。北京师范大学何克抗教授认为："信息技术与学科课程的整合——通过有效的整合可以建构出一种理想的学习环境。这种环境可以支持真实的情境创设，不受时空限制的资源共享，快速灵活的信息获取，丰富多样的交互方式，打破地区界限的协作交流，以及有利于培养学习者创造性自主发现和自主探索能力。在此基础上，就可以实现一种能充分体现学生主体作用的全新学习方式——例如研究性学习与合作式学习。"因此，信息技术与课程相整合的过程不仅是现代信息技术手段的运用过程，而且它必将伴随教育、教学

领域的一场深刻变革。①

有的学者强调信息技术与课程整合可以实现教学方式的转变。新课程倡导自主探究学习方式就是要把学习过程中的发现、探究、研究等认识活动凸显出来，使学习过程更多地成为学生发现问题、提出问题、解决问题的过程。通过信息技术与课程的整合，就能促进教学内容呈现方式、学生学习方式、教师教学方式和师生互动方式的变革。

北京电化教育馆潘克明对信息技术与课程及学科整合的目的归纳得较为全面、系统、科学，他认为信息技术与课程及学科教学整合的最终目的如下：

(1)促进师生信息意识的树立。包括计算机文化意识；信息是人类赖以生存发展的重要资源意识；信息技术是当代劳动者必须具备的基本素养和技能的意识。

(2)促进课程及学科内容结构的变革。如果充分发挥信息技术的开放性、交互性、共享性、协作性和反馈及时性等特点，可以改变现有课程结构的许多不合理性。

(3)促进学习方式的变革。包括使学生由依赖书本的学习转向学会利用资源的学习；使学生由记忆学习转向意义构建式学习；使学生由依靠教师的学习转向自主学习；使学生由按部就班的学习转向具有个性特征的跨越式学习；使学生由局限于校内的学习转向超越校园围墙的学习。

(4)促进教师教学方式的变革。包括教师的功能和作用要由"传道、授业、解惑"变为指导和帮助学生学会学习；使数字化的信息媒体由教师展示教学内容的工具变为学生的认知工具；逐渐使教师的主导地位和作用由课堂上的显性行为转变为课外教学设计中的隐性行为表现。

三、信息技术课程整合的基本原则

(一)任务驱动式的教学过程

课程整合以各种各样的主题任务进行驱动教学，有意识地开展信息技术与其他学科(甚至多学科)相联系的横向综合的教学。这些任务可以是具

---

① 黄盈.基于学生主体性的信息技术教育研究[J].魅力中国，2021(16)：338.

体学科的任务，也可以是真实的问题情境（学科任务包含其中），使学生置身于提出问题、思考问题、解决问题的动态过程中进行学习。通过一个或几个任务，把相关的各学科知识和能力要求作为一个整体，有机地结合在一起。学生在完成任务的同时，也就完成了所需要掌握的学习目标的学习。

（二）信息技术作为学生的基本认知工具

在课程整合中，强调信息技术服务于具体任务。学生以一种自然的方式对待信息技术，把信息技术作为获取信息、探索问题、协作解决问题的认知工具，并且对这种工具的使用要像使用铅笔、橡皮那样自然。

（三）能力培养和知识学习相结合的教学目标

课程整合要求，学生学习的重心不再仅仅放在学会知识上，而是转到学会学习、掌握方法和培养能力上，包括培养学生的"信息素养"。学生利用信息技术解决问题的过程，是一个充满想象、不断创新的过程，同时又是一个科学严谨、有计划的动手实践过程，它有助于培养学生的创新精神和实践能力，并且通过这种"任务驱动式"的不断训练，学生可以把这种解决问题的技能逐渐迁移到其他领域。

（四）"教师为主导、学生为主体"的教学结构

在课程整合的教学模式中，强调学生的主体性，要求充分发挥学生在学习过程中的主动性、积极性和创造性。学生被看作知识建构过程的积极参与者，学习的许多目标和任务都要学生主动、有目的地获取材料来实现。同时，在课程整合中，教师是教学过程的组织者、指导者、促进者和咨询者，教师的主导作用可以使教学过程更加优化，是教学活动中的重要一环。

（五）个别化学习和协作学习的和谐统一

信息技术为我们提供了一个开放性的实践平台，利用它实现相同的目标，我们可以采用多种不同的方法。同时，课程整合强调"具体问题具体分析"，教学目标确定后，可以整合不同的任务来实现，每一位学生也可以采用不同的方法、工具来完成同一个任务。

四、信息技术与学科整合的基本模式

在信息技术课程整合中，信息技术作为认知工具，教学的总体能力目标是一致的，即培养学生的信息素养和实践能力。但对于不同学科定位，信息技术的作用是不一样的，为此可以将信息技术课程整合分为三种基本课程模式。

(一) 信息技术课程中信息技术作为学习的对象

信息技术课程作为一门专门的学科开设，主要学习信息技术的基本技能和基本工具的使用。然而，信息技术课程并不仅仅是简单地为了学习信息技术本身，还要培养学生利用信息技术解决问题的习惯和能力。因此，同样要按照课程整合的理念，把信息技术作为一种工具，整合到实际任务中进行学习。这些任务可以是其他学科的知识，也可以是社会性的问题。教师在设计任务时要灵活创新，对于相同的知识点，在完成所要求的学科目标的前提下，要根据不同的学校环境、教师特长和社会背景等，创设不同的情境任务进行教学，不能拘泥于教材或参考书所提供的材料。

(二) 与其他单一学科的整合，信息技术作为教学工具

学生在教师的组织下利用信息技术进行学习，信息技术完全为其他学科的教学服务。在这种整合模式下，教师和学生在信息技术的帮助下，分别进行教学和学习。首先，教师根据教学目标对教材进行分析和处理，决定用什么形式来呈现什么教学内容，并以课件或网页的形式呈现给学生。其次，学生接受学习任务以后，在教师的指导下，利用教师提供的资料 (或自己查找信息) 进行个别化和协作式相结合的自主学习，并利用信息技术完成任务。最后，师生一起进行学习评价、反馈。

在整个教学过程中，学生的主体性和个别化得到较大的体现，这样的教学氛围十分有利于学生创新精神和解决问题能力的培养。同样，教师通过整合的任务，发挥了自己的主导作用，以各种形式、多种手段帮助学生学习，进一步调动学生的学习积极性。

还有一种情况就是信息技术课程与多学科的整合。随着科学技术的发

展，综合素质的高低已经成为评价一个人的重要标准。在学校教育中如何提高学生的综合素质已经成为当今教育所必须解决的一个问题。信息技术课程尤其要注重培养学生在不同的环境下综合运用信息技术的能力以提高学生的信息素养。信息技术课程与多学科的整合在培养学生的信息素养方面起着不可替代的作用，它将不同的学科知识融入信息技术课程中，让学生在复杂的环境中运用信息技术，进而能从更深的层次认识信息技术并综合使用它。这里的多学科并不是多个学科的简单混合，而是根据某一要点，将有联系的不同学科有机地结合起来。比如，以科学概念或科学观点为组织核心进行综合，用"能量"这个概念来综合物理学中的机械能、热能、电能，化学中的化学能、生物学中的生物能等一系列知识，从而形成一个能量知识体系；或者以重要现象或事物（如水、大气、建设等）为组织核心，各学科相互联系地加以学习；或是以重大社会问题（如环境、人口、资源、粮食等）为组织核心，综合不同的学科，形成综合性较强的问题等。将多学科的知识融入信息技术课程当中，让学生从多方面来运用信息技术进行学习，以便在解决综合性问题的过程中更好地掌握信息技术。

（三）研究型课程，信息技术作为学习工具

学生作为积极主动的学习者，以类似科学研究的方式，在信息技术的帮助下，获取信息、交流信息，并最终以计算机作品的形式完成研究任务。研究型课程中的整合任务，一般不是教材中的内容，而是课后延伸，甚至是社会现实性课题，如环境保护、旅游类问题等。

研究型课程超越了传统的单一学科学习的框架，它按照学生认知水平的不同，将社会生活中学生感兴趣的问题，以主题活动的形式来完成课程目标。学生通过主体性、探索性、创造性地解决问题，将多个学科的知识、学问性知识和体验性知识、课内与课外、学校与社会有机地结合在一起，最大限度地促进学生身心和谐统一的发展。从研究型课程的特点来看，更加突出了学生的主体性和参与的过程性。在整个研究过程，从研究方案的形成、方案的实施，到最后任务的完成都由学生自主完成，而教师仅对学生选题、收集和分析资料的方法等进行一般性指导。

根据对国内外大量的信息技术课程整合实例的分析，可以看出，信息技术课程与单一学科的整合过程一般包括以下几个步骤：选取学科→确定课题→制定课题目标→制定课题学习步骤和问题解决方法→制定评价标准。

具体的是：①根据所要达到的信息技术课程的目标和不同学科的特点，选取适合的学科。②确定课题。课题的范围和深浅难度要根据课程目标及学习对象而定。一般来说，如果课程目标是要让学生掌握信息技术的基本技能，那么课题就要定得简单一点，同时所选的学科知识的难度也相对小一些。如果课程目标是要让学生掌握较为复杂的信息技术技能，学习内容涉及的范围较广时，课题宜与现实生活紧密联系，并且覆盖范围要大一些。③制定课题目标。课题目标指的是在课题学习中学生要完成的任务，制定课题目标要明确和详细，尤其要说明完成任务需要运用的工具。④制定课题学习步骤和问题解决方法。整个步骤要有灵活性，让学生参与进来，让学生开展小组协作学习和研究性学习，充分发挥学生的主动性，让学生对完成课题学习或者问题解决提出不同的看法和见解，并充分运用信息技术工具付诸实践。在这一过程中，教师不再像传统课堂中那样处于主宰地位，而是成为学生学习的辅助者、理论知识促进者，指导学生，对学生遇到的问题及时给予解决。⑤制定评价标准。根据课题目标制定评价标准。标准要客观，并且具有弹性，尤其要将对信息技术的运用程度作为一个标准。那么，整合到底该怎么进行呢？它涉及哪些具体的内容呢？

1. 物质层面的整合

世界范围内的教育信息化趋势，要求必须对现有的教育领域进行信息化的改造。而信息技术作为信息化实现的技术载体，对教育的信息化改造有很大的促进作用。就现实来看，信息技术作为一种辅助教学工具正日渐渗透到教学领域中，如多媒体教学在各级各类学校中的应用方兴未艾。就目前来说，信息技术比较多的是以一种呈现、展示课程内容的面貌出现的教育信息展示平台，而随着计算机智能技术的成熟，它将以一种智能化的教学平台出现，真正实现个别化的教学，真正地成为学生学习的认知和思维工具。

2. 精神层面的整合

（1）信息技术对传统文化教育三大基石的整合。与阅读方式的整合：从文本阅读走向超文本阅读；从纯文字阅读发展到多媒体阅读；同电子资料库的对话高效率检索式阅读。与写作方式的整合：从手写走向键盘、鼠标、扫描和语音输入写作；从纯文本写作到多媒体写作；从线性结构的构思与写作到超文本结构的构思与写作；与电子资料库对话的阅读与写作一体化。与计算方式的整合：从阿拉伯数字代码和十进制数学计算走向基于0、1代码和二进制的数字化模拟和高速运算；文字的数字化使计算机从语言上升为文化，并将读、写、算融为一体；图像、声音、影视的数字化使人类进入虚拟现实的计算机仿真世界；使数字化成为人类把握历史、现实和未来的一种重要文化方式、生产方式和教育模式。

（2）信息技术对学习文化氛围的整合。信息技术文化使得学习者超越了只是信息的接收器与处理器的处境，而成为学习事件过程的参与者，使学习成为真正的现在进行时。学生由被动走向主动，从而打破教师在学习事件中的垄断地位。同时，由单向的传输变成双向的互动。信息技术的最大特征——交互性充分地展示出来，教师和学生之间改变了原来的控制与被控制、传授与被传授的关系，取而代之的是教师和学生之间平等、民主的关系。教学模式从以教师为中心走向教师、学生双主体的教学模式。信息技术成为摧毁旧有僵化和不民主教学体制革命性的力量，信息技术让平等、民主的文化氛围得以彰显。

（3）信息技术对文化内容的整合。一个信息社会的合格公民应该具有信息素养或称之为信息文化。信息技术已经成为信息社会的一种背景文化，成为我们新世纪公民赖以生存的环境文化。在其他学科的教育中，我们必然要去渗透信息文化的培养。

3.学习内容的整合

把基础性的计算机知识和操作技能与任务驱动式教学、网上探究式教学结合起来，自编部分教材，制定新的课堂教学评价体系。我们可以以课外兴趣小组的方式，让学生自制网页，建立自己的网站；引导学生自己动手制作电子绘画作品，教他们制作简单的网页。

五、信息技术与课程整合的现实问题和解决办法

教育信息资源是教育信息化的核心，教育信息资源的匮乏是制约信息技术与课程整合的瓶颈。教育信息资源的缺乏主要体现在以下三个方面：

（1）从现代教育技术发展历史来看，硬件、软件建设不同步的问题一直未能得到很好的解决，原因是多方面的，其中在各种教育达标活动中，未能对这一问题引起足够的重视，未能制定相关的政策来激励其平衡发展。更为严重的是有些学校投入数十万元甚至上百万元资金建成的校园网，建成后由于没有充足的教育资源作为应用基础，往往是一个空设的物理结构，不能为教育教学服务，直接影响信息技术与课程整合的发展。

（2）随着信息技术教育的蓬勃发展，不少软件公司看好教育这个大市场，投入教育软件开发的大潮中，并且制作出了相当丰富的教育软件。但我们同时也看到，由于受软件制作周期较长、某些商业利益驱动等影响，其内在质量尚不能完全满足教育教学的需求，特别是有些软件，指导制作的教育理念落后，不能很好地应用于信息技术与学科教学的整合之中。

（3）为了弥补成品软件的不足，广大教师自制课件作为教育教学的补充，其中不乏大量精品。但由于受信息技术环境的制约，难以实现共享，推广更是受到限制，实际上这也是一种智力和财力的浪费。

所有这些问题都严重制约了教育资源的发展，形成了整合的最大瓶颈。那么，怎样才能解决这些问题呢？

从硬件设施建设上，除了增加软件投入，坚持以"购买引进为主，自制补充为辅"的资源建设原则外，当务之急要解决好一个资源共享问题，让有限的资源能发挥最大的效益。当前，蓬勃发展的网络技术给我们提供了实现资源共享的天地。一个学校、一个乡镇或一个地区的教育资源可以通过网络传输达到共享。

教育领域，有大量的资源要共享，有大数据量的课件要播放，网络视频内容系统（VOD）日益成为教育教学的必需。从窄带发展到宽带，完成这些要求的城域教育网已向我们走来。城域教育网的出现，可以说开启了教育信息化的新纪元，它是以网络技术为依托，以各种信息设施为支持，以教育软件和资源为基础，以实现现代化教育管理目的，为区域教育提供全方位应用的信息化环境，是对区域教育的全新规划，是解决整合瓶颈的有效武器。城域教育网可以实现一个区域最大范围内教育资源共享的目的，是"校校通"工程中起龙头带动作用的系统工程，它必将带动校园网建设进入"快车道"发展，它还令与之相接的各处校园网减少资源建设的投资，令校园网的设施结构在一定程度上得以简化，还进一步推动了区域内办公自动化。面对新形势，我们正在着手建设覆盖全市所有学校的城域网，并且将城域网中包括的教学资源中心、教育管理中心、远程教育中心建成可持续运营的系统。

从教师、学生和学校角度而言，信息技术课程整合这种新的尝试，它将使教学内容、教学方法、教学模式等发生很大变化，它是信息技术教育的一次改革。为保证这一改革的顺利进行，还需要在观念、教材内容以及教学方式和学习方式等方面实现转变或改变。

首先是观念的转变。观念的转变是实施信息技术课程整合的一个重要条件。在传统教学中，信息技术课程要教给学生的仅仅是信息技术知识，它与其他学科没有什么联系，教师往往仿照传统教育中其他学科的教学，教给学生书本知识，将知识分解为不同的章节，教完这些章节就算完成教学任务。而在信息技术课程整合当中，不仅要教给学生信息知识，更重要的是让学生掌握信息技术的运用，提高学生解决问题的能力和学习能力，提高学生的信息素养。它要求教师必须改变旧的观念，不能人为地在信息技术课程与其他学科之间划分界限，应将信息技术课程与其他学科联系起来，将其他学科的知识有效地融入信息技术课程当中，更好地提高教学效率和学习效率，让学生具备不断更新知识、创造新知识的能力，这将有利于信息技术教育更好地发展。

其次是教材内容的改变。如上所述，信息技术课程整合是将其他学科的知识融入信息技术课程，使教师能教得更好、学生能学得更好。那么，信息技术课程整合的实施就必须改变当前的教材内容，取消各个模块，将信息技术知识综合起来，根据当前信息技术的发展和信息技术课程的目标以及学生的特点，结合其他学科的知识设置相关课题内容，并且按照课题难度的大小安排学习的顺序和课时。

最后是教学方式和学习方式的改变。相对传统的教学模式，在信息技术课程整合中，无论是教师的教还是学生的学都发生了很大改变。教学方式由以教师为中心转向以学生为主体，而教师作为学生学习的指导者、促进者。

第五节　信息技术教育课程资源开发

信息技术教育课程资源是课程得以实施的重要前提，而信息技术教育课程资源的开发是我们当前开展信息技术教育中的薄弱环节。因此，我们要高度重视课程资源的利用与开发。

一、全面深刻地理解信息技术课程资源的丰富性

对于信息技术在课程中意义的认识，决定了我们对于信息技术作为课程资源地位的认识。因此，全面深刻地理解信息技术作为课程资源在作用和层次上的丰富性，是我们多角度、全方位开发信息资源的前提。

过去，很多教师对信息技术的作用和意义认识十分狭窄，仅仅把信息技术等同于上网查资料，把多媒体看成电子黑板。实际上，随着信息社会的发展，信息技术在教育中扮演着越来越重要的角色。具体而言，信息技术在教育中有以下几个方面的角色。

(一) 信息技术作为教学中的演示工具

这是信息技术应用于学科教学最初的表现形式，是信息技术与课程整合的最低层次。目前，大多数基础教育和高等教育都采用这种方式。教师可以使用现成的计算机辅助教学软件或多媒体素材库，综合利用各种教学素材，编写自己的演示文稿或多媒体课件，清楚地说明讲解的结构，形象地演示其中某些难以理解的内容，用图表、动画等展示动态的变化过程和理论模型。这样，通过合理的设计与选择，计算机代替了幻灯片、投影仪、粉笔、黑板等传统媒体，实现了它们无法实现的教育功能。

(二) 信息技术作为个别辅导的工具

目前，有大量的操作练习型软件和计算机辅助测验软件，学生可以根据自己的实际情况选择合适的练习软件，在练习和测验中巩固、熟练所学的知识，并决定下一步学习的方向，使软件充分发挥个别辅导的作用。

（三）信息技术提供资源环境

用信息技术提供资源就是要突破书本是知识主要来源的限制，用各种相关资源丰富封闭的、孤立的课堂教学，极大地扩充教学知识量，使学生不再只是学习课本上的内容，而是开阔思路，接触到百家思想。

（四）信息技术作为交流协作的工具

将信息技术以辅助教学交流的方式引入教学，起到师生之间情感与信息交流的作用。计算机网络技术为信息技术和课程整合，实现协作式学习提供了良好的技术基础和支持环境。计算机网络环境大大扩充了交流协作的范围，学生可以借助 MUD、E-mail、BBS 等网络通信工具实现相互之间的交流。通过参加各种类型的对话、协商、讨论等活动，培养独立思考、求异创新能力和团队合作精神。

（五）信息技术作为研究开发的工具

虽然我们强调对学生的信息加工、处理以及协作能力的培养，但最重要的还是要培养学生的探索能力、发现问题和解决问题的能力以及创造性思维的能力，这才是教育的最终目标。在实现这个目标过程中，信息技术扮演着研究开发工具的角色。很多工具型教学软件都能为研究性的教学和学习提供很好的帮助。

二、信息技术教育课程资源开发的原则

原则规范着人们的行为，是正确行动的根据、尺度和准则。信息技术教育课程资源的开发与利用不是随意而行的，同样需要一定的原则来规范。信息技术教育课程资源的开发自然要遵循一般课程资源开发的原则，但是由于信息课程资源自身又区别于其他课程资源的特征，我们认为信息技术教育课程资源开发应该遵循以下几个重要原则。

（一）开放性原则

信息技术教育本身要实现的目标就是提高信息时代人的信息素养，而

以网络为基础的信息社会的发展变化可以说是日新月异。信息技术教育就是要提高人们在信息的洪流中去创生、传播、选择和运用信息的能力。如果离开信息世界，离开网络来谈信息技术教育，这本身就是空洞的，因此我们必须依靠网络的开放性开发信息技术教育课程资源。

(二) 经济性原则

信息技术教育课程的开设依赖学校的信息技术硬件设施建设，仅仅从多媒体教室和计算机机房的建设而言，对于大部分办学条件本来就不好的学校来说是非常大的开销。在教育投入总体不足的情况下，各个学校一定要本着经济实用的原则，量力而行地建设学校的信息技术硬件设施，充分发挥它们的功用，而不是在设备的质量和档次上盲目抬高要求。这一原则对于农村和贫困地区来说意义更加明显。

(三) 针对性原则

由于信息技术教育的课程资源对于社区的信息资源环境要求比较高。城市和农村所面临的信息环境差别很大，我们在书中所提到的很多方面的问题对于城市而言是很容易的，但在农村特别是各种实践性和探究性活动，离开社区信息资源中心的支持，是很难开展的。[①] 总体而言，农村孩子不可能像城市学生一样方便地运用以网络为主导的各种信息传播手段。很多在网络上开展的活动对于农村孩子来说是不切实际的。因此，对于农村地区的学校来说，还是要从传统的信息渠道和信息手段入手，运用传统的信息传媒来开展信息观念的教育。

三、信息技术教育课程资源开发的主要途径

(一) 加强信息技术教育的基础设施建设

"工欲善其事，必先利其器"，对于信息技术课程而言，必要的基础设施、基本设备是课程实施的物质基础。要配备能满足教学需要的计算机房、

---

① 李诚. 利用信息技术促进学生心理健康教育 [J]. 小学科学 (教师版), 2021(4): 161.

多媒体教室等设施；配备数量合理、配置适当的计算机和相应的外部设备（打印机、投影仪、扫描仪等）；具备上网条件。对于城市学校而言，学校应该充分利用现在城市家庭上网的条件，加强和家长的沟通。在家长的监督和引导下，让学生通过家庭设备上网，把信息技术教育的综合实践活动课延伸到家庭，通过家庭和学校的合作，更广泛地扩展信息素养教育的空间，从而引导学生更好地提高信息技术素养。

在管理和使用已有设施和设备时，坚持"面向教学"的原则，为各学科教师提供有效服务；注意提高学校现有设施、设备的利用率，学校的计算机教室、图书室或电子阅览室等要尽可能地向师生开放；采取有效措施，加强学校与家庭、社区之间信息设备和信息资源的共享；充分发掘和利用当地图书馆、科技馆、博物馆、电视台、展览馆、信息中心以及其他可供利用的校外资源。

对于城市学校而言，要加强和社区内的上述信息资源中心的沟通和交流，与其建立长期的合作关系，为学生从事信息技术综合实践活动和其他综合实践活动提供有力的支持，充分发挥学校教育和社会教育的合力。

(二) 加强教学信息资源建设

教学信息资源建设是信息技术教育课程资源开发的核心和重点。信息技术课程的教学信息资源包括两类：一是数字化资源，如教学软件、专业资源网站等；对于信息技术教育而言，加强学校校园网的信息资源建设是开发信息技术教育课程资源的重点。二是非数字化资源，如图书、报刊、录像等。

从学校和教师的角度而言，学校和教师要密切结合教学实际，收集、组织、开发必要的教学资源，建立不同层次、不同类型的资源库。在教学资源的建设中，应面向学生的需要，为学生自主学习提供更多支持；应遵循相关技术规范，便于交流与共享；应充分利用网上的共享资源，避免低水平重复开发。这里涉及一个重要的问题就是学校教务工作要打破过去教师独立备课的方式，建立教师联合备课的工作机制，使学校校园网络可以提供给学生最优秀和最集中的教育资源，增强学生对于信息使用的效果，避免学生在信息收集过程中的麻烦，从而更好地实现优秀教学资源的共享。教师应引导学生参与教学信息资源的收集、组织、开发，让学生在参与资源建设的过程中进行学习。

在信息技术教育课程资源建设中，教师要拓宽对课程材料的理解，而不是停留在过去教材、教学参考书的简单层次上。实际上，在信息时代，课程的材料日益丰富，课程材料是对教材的超越，既包括教材，还包括"学材"；既包括课本，还包括课本分析、教学指南、学习指南、补充材料、多媒体材料和网络材料等。这也可以叫作"教学材料"，但是不能简称为"教材"。

课程包是电化教育的产物，随着信息技术的发展越来越受到人们的重视，课程包的含义也在逐步丰富和发展。课程包概念的发展，以电子课本、课件、教学包、学习包等概念的发展为基础，以数字压缩技术和互联网技术的飞速发展为现实条件。电子课本，并不仅仅是电子化的课本，而是以信息技术为工具开发的、超越时空的多媒体课本，具有字、音、形、色、义等的合成性、动态性以及可再生性等特点。现代课程包主要包括电子书包及其支撑资源和技术体系，后者又分为本地（学校或者社区）课程材料库、远程网络课程材料库和课程材料整合技术平台。电子书包就是师生在教育活动中专门使用的电子化书包，主体是承载着各种主要的数字化的课程材料、教学用具及其操作软件体系的微型计算机。"本地课程材料库是将课程材料以信息化形式储存在硬盘、光盘或局域网服务器上，包括多媒体材料库、学习单元库和题库。多媒体材料库是以知识点为基础，按照一定检索和分类规则组织的素材资料库。它包括文本、声音、图形、动画、视频、公式等多种素材资源。它是课程包支撑资源体系的主体部分，是课程包着力建设的部分，发展的基本方向是网络化。学习单元库是把多媒体化的课程教学材料按照一定技术进行设计的适用于教师和学生教学活动的程序集，包括微教学单元、学习游戏、程序等。题库包括例题库和试题库。"

远程网络课程材料库是将网络上可调用的远程资源作为课程资源库。一个学校、一个地区、全国乃至全世界的教学信息网络资源都可以在教授、学习和教学中利用一台个人计算机作为终端机通过网络进行检索、下载与重组，也可以将本地课程材料以 HTML 格式上传到 Web 服务器上，供师生下载使用，在增加资源利用率的同时，还使课程资源处于时时更新的状态。我国教育部现在正大力建设一些学习网站，并准备把网址向全社会公布，这些网站就是典型的远程网络课程材料库。

课程材料整合技术平台是教师和学生选取、组合、加工并使用课程材料库展开教学活动的技术支持环境及应用环境，具体体现为技术、手段、方式、方法在课程中的自觉运用。除了诸如投影仪、录像等一些常规电教手段之外，还有基本的软件开发工具、资料呈现方式库、教与学策略库等。

对于教育行政主管部门而言，要充分发挥其组织和协调作用，重视信息技术课程教学相关网站的开发、应用与管理，为信息技术的学习创设丰富、健康、安全的网络环境。在课程资源开发中，要加强教师与教师、学校与学校、地区与地区的协作和互助，通过联合实现资源共享。过去，各种连接互联网的教育教学网站数量很多，但是这些网站大都是各自为政，没有意识到发挥不同学校和教师之间联合效能的优势。现在，各个区县或者是市一级的教育行政主管部门已经开始重视对于本地区信息教育资源的整合，最主要的是从信息技术和学科整合的角度给广大教师和学生提供了一个交流平台，同时给学生提供了丰富的信息技术课程的资源。当然，相对于信息资源在网络上的优势地位而言，我们的教育资源还十分匮乏，而教育信息资源就更加匮乏。因此，我们应该从更大的范围内和更深的程度上实现教育信息资源的集中和整合，进一步丰富网络教育信息资源。

（三）全面提高教师队伍信息素养

教师是教育活动中最为活跃的因素，教师队伍的信息技术素养水平不高是制约信息技术教育开展的重要因素，主要体现在两个方面：一是从事专门的信息技术教育的教师数量不足，很多农村学校根本就没有专门的信息技术教师，都是由一些其他学科的教师半路出家来担任。二是其他各学科教师的信息素养水平与信息技术教育发展要求的差距十分明显。很多教师对于信息技术素养的认识非常肤浅，认为只是信息技术教师的事情，与自己无关，自然这样的教师也不会把心思花在提高信息技术素养上。有的教师虽然能够认识到信息技术素养的重要性，可是由于自身在知识结构上的缺陷，不能有效地将信息技术教育与自己的学科教育实现整合。对于信息技术的运用处于"电子黑板"的水平，不能综合利用信息技术于备课、课件制作、课程整合等环节。所以，加强教师队伍的信息素养教育是全面推进信息技术教育的重要途径。

(四) 加强信息技术教育教师队伍建设

各地区、各学校应制订相应的师资建设计划，并采取有效措施加快信息技术教育教师队伍建设的步伐。要开展多样化的教师培训，鼓励和组织教师参加进修、学历教育等国家和地方的教师培训，规划和开展持续的校本培训。要通过案例培训、参与性培训等多种多样的教师培训模式，持续提高信息技术教师的信息素养和信息技术教学能力。要鼓励教师积极参与各级各类信息技术教研活动，不断提高教学研究能力和自我发展能力。

(五) 把信息技术教育作为教师继续教育和全员培训的重要内容

在教师的全员继续教育中，各级培训机构要把信息技术教育作为一个重点。当然，对于教师信息技术教育培训的内容不能简单地停留在技术操作层面上，要根据时代的发展和变化不断地赋予教师信息技术教育培训以新的内容。当前教师信息技术教育培训的重点：一是要让教师深刻领会和认识在综合实践活动中开设信息技术教育对于学生素质发展的意义，提高教师对于信息技术地位和作用的认识。二是要提高教师信息技术的运用与学科教学的能力，使教师能够充分领会学科教学和课程整合的意义，并且能够从技术操作层面有效地实现各个学科和信息技术的有机整合，运用网络和各种技术工具，开发各个学科的课程资源，充分发挥信息技术在推动基础教育课程改革、提高基础教育水平的积极作用。三是要提高教师对于学生信息技术实践活动的指导能力，将综合实践活动中学生的主动参与和教师的积极引导有效地结合起来，更好地发挥综合实践活动在提高学生信息技术素养中的作用。特别是要提高教师对于综合实践活动的规划与设计的技能，组织、管理与协调的能力，教师自身的探究与解决问题的能力，收集和处理信息的能力。只有这样才能使教师有效地完成对学生实践活动的全过程指导，包括对学生活动主题、项目或课题确定的指导，活动过程中的指导，总结和交流阶段的指导。

第五章　学生劳动技术培养与管理

第一节　劳动与技术教育的地位和作用

我国的教育方针提出：教育必须为社会主义现代化服务，必须与生产劳动相结合，培养德、智、体等全面发展的建设者和接班人。学校劳动与技术教育工作作为学校教育目标的有机组成部分，在整个学校工作中占有重要地位，对完成教育目标起着重要作用。

一、劳动与技术教育的地位

教育与生产劳动相结合，既是马克思主义的一贯主张，又是学校教育目标的有机组成。尽管对劳动技术教育还缺乏完整的科学表述，但它有区别于其他教育活动的、特有的最本质特征。山东省教科所刘世峰对"劳动技术教育"做了如下定义：劳动技术教育是在普通学校实施的，让学生既学习某些技术工艺知识，又参加一定的劳动和技术实践，使他们树立正确的劳动观点，养成文明劳动习惯，了解现代生产和技术的基本原理，并掌握相应的各种基本技能，为其以后从事各种职业打基础的教育活动。这个定义对学校劳动技术教育对象、内容、组织形式以及目的等几个方面，及劳动技术教育的内涵和外延做了界定。[①] 因此，作为以基础素质教育为己任的学校，必须将劳动技术教育摆在应有的位置，它是普通学校教育与生产劳动相结合的关节点，也是普通学校教育的一项重要内容。

[①] 张淑凤. 劳动与技术教育实施的探索与研究 [J]. 读与写，2020(20)：281-282.

二、劳动与技术教育的作用

(一) 克服"高分低能",培养全面发展的合格人才

由于"应试教育"观念的影响,智育成了人们的指导思想,追求升学率成为学校的急切目标,忽视了学生其他方面的素质教育,出现了"高分低能"的现象,培养出来的学生说起来头头是道,做起来一无是处。出现了有肩不能挑,有手不能提,只会夸夸其谈,甚至穿衣服、挂蚊帐都需要别人帮忙的情况。学生成了头脑发达、四肢简单的"现代人"。这种情况引起了很多国家的高度重视,由此联合国教科文组织提出"学会生存"的主张。劳动技术教育在培养人的动手能力、生活和生存能力,促进人的健康发展方面有着极其重要的意义。

普通教育的目的:一方面要为高等学校输送优秀人才,另一方面要培养人们简单操作劳动工具的生活能力,即为他们今后的就业生活打下良好基础,因而劳动技术课的小制作、小修理以及缝衣、做饭等家务劳动都为他们提供了有效途径,为他们以后自食其力、生活自理奠定了基础,也克服了"应试教育"忽视人的素质教育的弊端,促使人全面发展,为造就合格公民创造了条件。

(二) 劳动技术教育是进行思想品德教育的有效形式

在传统文化思想中,一直有轻视劳动的观念,从而形成了"劳心者"与"劳力者"的差别,这就是等级观念。"万般皆下品,唯有读书高""学而优则仕"等错误观念仍在影响一部分人。由于部分家长和教师的这种错误看法和做法导致学生读死书、死读书的现象,使许多学生成了名副其实的"书呆子"。他们缺乏劳动观念,对一些力所能及的事也不愿去干,常以学习为借口。有些家长一味迁就,使一些学生养成不良习惯。因此,进行劳动技术教育,对于培养学生劳动观念、养成良好的劳动习惯,使学生理解家长的辛勤劳动、珍惜劳动果实起着不可低估的作用。

劳动创造了人,由于劳动促使了人的各种机能的进化,使人类从动物界脱离出来。中华人民共和国成立以来的教育一向是重视劳动教育的,也一

向把劳动教育作为进行思想政治教育的有效方式，一定的体力劳动、手工劳动、自我服务劳动和社会公益劳动都在潜移默化地影响学生的思想，加之教师的正确引导，完全有助于学生形成正确的劳动观念。

劳动技术教育有助于学生养成助人为乐的共产主义精神和以苦为荣的热爱集体的思想情感，以及急他人之所急、想他人之所想、团结协作的品德。因此，劳动技术教育要进行各行各业共同需要的职业道德基础教育和训练，还必须进行有关基础性、综合性的技术工艺知识教育，有助于学生将来走向社会就业。

（三）劳动技术教育是适应现代化建设的社会教育，也是现代科学技术知识教育的最佳途径

教育要为社会主义现代化建设服务，就必须从围墙内解放出来，摆脱封闭式办学模式，进行开放式办学，打破学生读死书、死读书的局面，使学生学而能用，理论联系实践，不断从中总结新经验，有所创新、有所发明。因此，必须使学生走出校门到社会中去了解社会，了解现代科学技术的发展，并掌握有关基础知识。

现行的知识教学体系虽保证了基础教育的系统性、整体性，但缺乏现代社会的知识渗透，因而不能适应现代社会知识日新月异的发展，要求我们必须将最新的社会发展内容输入课堂教学中。有必要通过劳动技术教育传播现代科技知识，进行国民经济的现状教育和规划、方针、政策的教育以及生态平衡、综合利用自然资源的基础教育，只有这样才能很好地解决这个矛盾。由此可见，劳动技术教育在培养有中国特色的社会主义新人、造就全面发展的全能人才上作用很大。

第二节　劳动与技术教育的组织与实施

劳动与技术教育课程的组织与实施主要是由学校来完成的。劳动技术教育主要是以学生亲身参加劳动实践，从事实际操作活动为主要形式和基本

方法。教学中以实践为主，加强劳动技术训练的同时还需要教师的讲授和示范。总的来说，劳动与技术教育是师生双方动手动脑的过程，教师示范操作在前，学生实践操作在后，在实践过程中让学生动手和动脑相结合，使学生的技能得到及时训练的同时培养和提高学生的各种素质。因此，在劳动与技术教育课程的安排上，要尽可能地多给学生提供实践的机会，让学生在实践中通过动手和动脑相结合以及人与人的互动，获得丰富的体验，实施操作性学习。

当然，劳动与技术教育课程不仅仅是操作性课程，学校和教师在强调操作性的同时，还应重视在操作活动中学生对原理、方法的思考和体悟。劳动与技术教育课程的组织与实施主要表现在以下几个方面。

一、劳动与技术教育课程组织与实施的基本理念

学校组织和实施的劳动与技术教育课程必须以学生亲历实践、亲手操作、手脑并用为基本特征。学校组织和实施的劳动技术教育课程应以具体的技术项目为单位来设计和组织学生的劳动与技术教育活动。学校组织和实施的劳动与技术教育课程应注重技能训练对学生实践能力和创新精神的培养，力求实现学生技能掌握、态度养成、能力发展的有机结合与统一。在学校组织和实施劳动与技术教育课程的过程中，应避免课程内容脱离学生现实生活，避免课程模式采用单一的教育途径来组织和实施劳动与技术教育。劳动与技术教育是一门实践性很强的课程，所以学校在组织和实施劳动与技术教育课程时，要注重课程内容与时代紧密联系以及学生的生活化学习。[①] 教育者要认识到学生的劳动与技术学习活动，是已有知识的综合运用，也是新的知识与能力的体验和学习，更是学生在已有经验基础上探究新的原理、方法等的过程。

在劳动与技术教育课程的实施和开发中，应遵循以下基本理念。

（一）在动手与动脑的紧密结合中促进学生技术素养的形成

劳动与技术教育以学生的操作性学习为主要特征，也就是我们常说的

---

① 苏敏磊. 劳动技术教育缺什么 [J]. 小学科学 (教师版), 2021 (4): 189.

"做中学"和"学中做"。但劳动与技术教育的主旨并不仅仅停留在一般的操作层面，它强调学生通过人与物的作用、人与人的互动来从事操作性学习，强调学生技术操作过程中技术意识的形成、技术思维的培养、技术能力与态度等方面的发展，强调规范操作与技术创新意识的统一。学生的操作学习过程是富有生机、充满探究的学习过程，是手脑并用的过程。

（二）作品引导学生的劳动与技术学习活动

顺应学生的生理和心理特征，提倡用可感知而形象的技术作品来引导、组织学生的劳动与技术学习活动。技术作品的表现形式多种多样，可以是一个模型、一件工艺品，也可以是一盘菜、一株生长着的作物等。通过作品的制作，学生可以获得材料认识、工具运用、操作程序、技术要领等方面的知识和技能，还可以通过作品引导学生的设计、评价以及作品宣传等活动。

（三）逐步增加劳动与技术教育中的技术含量

劳动与技术教育既要符合学生的认知发展规律，又要反映技术发展的内在机理，还要体现一定的时代特征。在强调学生劳动观念和劳动习惯形成的同时，应注重通过具有一定技术含量的教育内容的学习，对学生进行技术启蒙。应根据学生的不同年龄，逐步增加劳动与技术教育中的技术含量，充实具有现代意义的教育内容，增强劳动与技术教育的现代性和对学生的吸引力。

（四）拓展学生的劳动与技术学习经历，追求工具价值与发展价值的统一

通过劳动与技术教育内涵的深化和外延的拓展丰富学生的学习内容，改变传统的学习方式，实现劳动与技术教育工具价值与发展价值的统一。如工艺制作的学习对象应从单纯的作品制作向作品设计、作品评价两方面拓展，农业技术的学习对象应从单纯的作物栽培和动物饲养向品种改良、产品储存与加工、市场营销等方面拓展。这样，既能顺应社会主义市场经济的发展需要，又能拓展学生的劳动与技术学习经历，发展学生的共通能力。

二、劳动与技术教育课程组织与实施的基本原则

综合实践活动是教师与学生合作开发与实施的一门课程，教师和学生既是活动方案的开发者，又是活动方案的实施者。劳动与技术教育课程作为综合实践活动课程的指定领域之一，在实施过程中必须遵循下列几项原则。

(一) 处理好学生与教师的"主体与主导"之间的关系

劳动与技术教育课程倡导学生对课题的自主选择和主动实践。第一，学生要形成问题意识，善于从日常生活中发现感兴趣的问题；第二，学生要善于选择自己感兴趣的课题；第三，在课题的展开阶段，可以采取多种多样的组织方式，主要包括：个人独立探究的方式，小组合作探究的方式，班级合作探究的方式，跨班级与跨年级合作探究的方式，学校合作探究的方式，跨学校合作探究的方式，跨地区、跨国界合作探究的方式等；第四，在课题的探究过程中要遵循亲历实践、深度探究的原则，倡导亲身体验的学习方法，引导学生对感兴趣的课题持续、深入地探究，防止浅尝辄止。在教学过程中，教师要对学生的活动加以有效指导。在指导内容上，教师的指导主要是从根本上创设学生发现问题的情境，引导学生从问题情境中选择适合的探究课题，帮助学生找到适合的学习方法和探究方式。在劳动与技术课程的组织和实施中，教师和学生都应发挥自主性，教师应把自己的有效指导与鼓励学生自主选择、主动实践有机结合起来。

(二) 处理学校统筹规划与活动具体展开过程中的生成性目标和生成性主题的关系

劳动与技术教育作为综合实践活动课程的指定领域之一，应在充分利用学校现有教学资源的同时，集中体现学校的特色，学校应对劳动与技术教育课程进行统筹规划和具体设计。随着活动过程的展开，学生在与教育情境的交互作用过程中产生新的目标、新的问题、新的价值观和新的对结果的设计，要求教师首先要认识到这些生成性目标与生成性主题产生的必然性，肯定其存在价值，并加以运用，从而将劳动与技术课程引向新的领域。值得注意的是，各学校对劳动与技术教育课程的统筹规划不能限制其生成性，而应

当使其生成性发挥得更具方向感和更富有成效。

(三)课时应集中使用与分散使用相结合

劳动与技术教育课程要求的课时应是弹性课时制。学校和任课教师安排课时应做到集中使用与分散使用相结合。例如,可以将每周的时间集中在一个单位时间使用,也可将几周时间集中在一天使用,亦可根据需要将劳动与技术教育课程的活动时间与某学科打通使用等。

(四)合理地整合校内课程与校外课程

劳动与技术教育课程的组织与实施应打破学校、教室的束缚,组织者和实施者应把校内课程与校外课程整合起来,把正规教育与非正规教育融合起来,积极鼓励学校和学生利用双休日、节假日等课外时间到校外,到社会中去开展劳动与技术活动。

(五)以融合的方式设计和实施四大指定领域

研究性学习、社区服务与社会实践、劳动与技术教育、信息技术教育四大指定领域是综合实践活动课程的四大指定领域。这四大指定领域和一些非指定领域是相互联系、不可分割的。各学校、各领域的组织者和实施者要根据地方和学校的课程资源,以综合主题或综合项目的形式将四者融合在一起实施,使四大领域的内容彼此渗透,达到理想的整合状态。

三、劳动与技术教育课程的教学组织形式

劳动与技术教育课程因为教学内容、教学条件、教学课程类型和结构的不同而不尽相同。常见的教学组织形式主要有课堂讲授式、基地(操作室)操作式、室外分组实践式、家庭个人实习演练式等。

(一)课堂讲授式教学

课堂讲授式是劳动与技术教育课程最常用的一种教学组织形式。课堂讲授式是指学生在进行实地操作前,必须先由任课教师通过讲解使学生了解本项技术的基础知识和具体操作方法、步骤以及注意事项。教师在运用此项

教学组织形式时，一定要直观、形象地演示，使学生从被动接受变为认真观察、积极思考、主动学习。让学生在教师直观、形象的讲授中，了解操作的基本原理、方法和注意事项，使学生顺利地完成操作。

这种教学组织形式需要注意的是：①教师在讲解过程中语言表达一定要清楚、准确、生动形象、具有启发性；②教师在讲解过程中应注意把讲授法与其他教学方法和教学手段相配合，激发学生学习的积极性，形成动手操作的愿望；③教师一定要把握好讲授的时间，应留出充分的时间保证学生动手实践；④教师应转变教学观念，明确劳动与技术教育课程目的是让学生在动手实践中掌握劳动与技术的基本知识和基本技能，使学生从以往的"要我学"变成"我要学"，充分发挥学生的自主能动性。

（二）基地（操作室）操作时教学

基地（操作室）操作式教学组织形式是与课堂讲授式完全不同的一种教学组织形式。"基地"或"操作室"是指各市区县建立劳动与技术训练中心或基地、各校教学实验基地、劳动与技术操作室等。这种教学组织形式不像课堂讲授式那样先由教师讲授要点，再由学生操作实践，它是指在教师指导下的一种动手实践的教学组织形式。

现阶段我国劳动与技术教育发展十分不平衡，建立的劳动与技术教育基地还很少。据统计，现阶段我国劳动与技术教育基地一般都是每个区一个实践基地，这个实践基地要承担一个区所有学校的劳动与技术课的操作实践。每个学校一般也只有一个操作实践室，这种教学条件远远不能满足劳动与技术教学的实际需要。我国大部分地区的劳动与技术课只能采取在教室里讲授基本知识或在教室里进行一些简单的动手实践活动，再到基地或操作室进行操作训练的教学组织形式。这种教学组织形式要求教师在操作训练前应准备好学生操作训练时所需的器材，为学生创造和提供安全操作的设施和条件，组织学生安全有序地进行操作。在实际操作过程中，教师除了运用各种方法调动激励学生积极主动地参与实践和指导学生形成良好的操作习惯外，还应树立安全第一的思想，教师应把学生的安全放在第一位，对于操作的形式和仪器都要事先安排，确保学生在实际操作过程中的安全。

（三）室外分组实践时教学

室外分组实践式是劳动与技术教育课程教学过程中因受教学条件和教学实际需要而经常运用的一种教学形式。劳动与技术教育课程所设科目如《摄影实践》《花卉栽培》《自行车维修》《果树栽培》《农作物栽培》等，都需要组织学生到室外进行分组操作。农村学校经常组织学生到农场或试验田、果园等地去进行室外分组操作。劳动与技术课程中所进行的社会实践、社会调查也经常采用室外分组实践式的形式进行。

在实践操作前，教师应划分好小组，选好每个小组的组长，按照实践活动的要求，使每个学生在实际操作中明确教学目标。制订相应的检查评价方案，尽量做到及时反馈、及时总结，使实践活动不流于形式，保证教学质量。同时，要使学生了解组织纪律，制定有效的安全措施，保证学生的实践操作安全。分组操作式教学组织形式为了提高分组实践的教学效果，要求教师深入学生之中，在实际操作过程中做好指导工作。在操作实践中，有的时候因为受到场地和器材的限制，人均训练量可能不太平衡，个别动手能力差又不主动的学生往往会丧失操作实践的机会，教师一定要强调分工合作，使每个学生都有动手实践的机会。

学生分组操作实践，不仅是实现技能目标在课堂操作训练所采用的教学手段或教学组织形式，也是培养学生集体观念、团结协作的一种较为优秀的教学组织形式，也是新一轮基础教育课程改革所提倡的合作学习模式的具体体现之一。在小组操作实践中，学生为了完成共同的任务，会积极地相互支持、配合、鼓励，而面对面的交流、有效的沟通，能形成相互促进的动力，建立并维护小组成员之间的相互信任。小组之中的每个成员都有各自的任务和分工，小组成员可以在完成各自的任务之后共同进行加工、评价，充分体现合作学习的内涵，共同寻求提高实际操作中质量和速度的最佳途径。

在分组实践操作中，小组长起着非常重要的作用。除了动手能力强外，小组长还应具备领导和组织能力，要求小组长以身作则、团结同学，协调好小组所有成员之间的关系，能调动小组成员的积极性，使他们对实践操作产生兴趣。

小组的划分方式，根据学校资源、教学内容的不同，主要有以下几种方式：

1. 根据材料加工准备的不同进行分组操作

有的教学内容在制作时所涉及的材料较多，制作有一定难度，学生往往难以独立完成。这时，教师可以将材料适当分开，由学生分别准备后再共同完成整件作品。

2. 根据器材结构进行分组操作和合作

有的教学内容以及教学器材方面涉及的部件、工具较多，各校大都难以全部满足学生的操作实践，但可以利用器材各部分的不干扰性和某些工具的共通性，将其分解后再进行组合。

3. 根据男、女生特点进行分组操作和合作

男、女生生理上的差异决定了男生较为适合耗力多、线条粗的操作实践内容；而女生则偏于精细、小巧的操作实践内容。男、女生混合分工合作训练，具有互补性。

(四) 家庭个人实习演练式教学

前面三种劳动与技术教育教学组织形式主要是在学校、在教师的指导下完成的。劳动与技术教育课程的最终目的是培养学生养成良好的劳动习惯，具有基本的劳动与技术能力，提高自身劳动素质。当然，要培养学生的劳动意识，仅靠学校和教师的指导是不够的，必须与家庭、社会紧密联系。家庭个人实习演练式方法是养成学生良好的劳动生活习惯，培养学生具有生活自理能力、动手能力以及创新意识的有效途径。目前，在学校缺乏必备的劳动与技术教育实践操作设备的情况下，将劳动与技术课堂从学校扩大到家庭和社会，把劳动与技术教育课堂教学和家庭个人实习演练式结合起来，使其能够达到预期的教学效果。

教师将在校不能操作和实践的教学内容，利用有效的教学手段，在劳动与技术课堂上讲解清楚，学生回家后，在家长的指导、协助和配合下进行操作实践，使学生掌握所要求技能。家庭个人实习演练式的一大优点是：在学生的实践操作过程中，可以把家长好的经验融合其中，经过多次的练习、制作、创作，不但能使学生熟练掌握操作技能，还可以发挥运用此操作技能，在培养学生动手能力和创新精神的同时，使学生逐步养成良好的劳动

习惯。

有专家认为，在实施家庭个人实习演练式教学组织形式时，应注意以下几点：

（1）一定要与家长联系和沟通好，使家长明确其意义，不可让家长包办代替。可通过家长会或联系卡等形式与家长联系，使学生的活动取得家长的支持和帮助，协助学生做好操作实践。

（2）操作前一定要向学生讲清操作步骤、制作方法，特别要强调安全操作规则。

（3）要建立相应检查与监督机制，如作品展示等，可以让学生将作品带到学校参加学生及教师评比检查；让家长给学生写操作评语或为学生的操作实践打分；学生写明操作过程等，激发学生主动参与家务劳动的积极性。

值得注意的是，虽然介绍了几种主要的教学组织形式，但并不是让教师在教学过程中按部就班。教师在组织设计教学形式时，一定要根据设计者本人和学生的实际情况和实际水平，因校制宜、因地制宜。

四、劳动与技术教育课程实施的方法

教学方法就是完成教学任务所使用的工作方法。它包括教师教的方法和学生学的方法。劳动与技术教育课程开设时间不长，教学又与其他学科有不尽相同的特点。一般科目常用的传统教学方法主要有：讲授法、演示法、讨论法、参观法、模仿法、练习法、实习作业法等。现阶段，劳动与技术教育课程的教学方法主要是借鉴一般学科的教学方法。目前，在劳动与技术课程中较为行之有效的是"示范—模仿""自学—发现""指导—实践"三种教学方法，但专门针对劳动与技术课程的教学方法还在探索研究中。我们并不是说每一门课程都要有固定的教学方法，"教学有法，教无定法，贵在得法"。教师要按照劳动与技术课程的实际情况组织和实施教学，在教学过程中不断摸索和研究适合劳动与技术课程的教学方法。

在劳动与技术教育课程的组织和实施方面，教学手段是不可或缺的重要部分之一。所谓教学手段，是指师生为实现预期的教学目的，开展教学活动，相互传递信息的工具、媒体或设备。劳动与技术课是实践课程，其教学重点是以学生的操作训练为主。为了使学生清楚地了解所需要的劳动与技术

的操作方法，教师运用的教学手段必须直观、形象。在劳动与技术课中常常使用的教学手段有：实物演示、挂图、模型、幻灯片、录像、多媒体教学、教学课件等。

现代化教学手段——如多媒体、计算机等在课堂上的普遍运用，解决了劳动与技术课程多年来难以解决的教学问题，使得劳动与技术课程的教学有了质的飞跃。研究者在对试验区学校的实验和研究后认为，选择教学媒体时应依据教学媒体的技术特性、教学特性和功能，教学目标的类型和学习者的特征。现代化的教学手段要求教师能熟悉各种教学手段的特点以及操作技术，综合运用各种教学手段，并能在最适当的时间里最恰当地运用。

许多教师在使用各种教学手段后得出以下几点经验。

(一) 实物投影仪是劳动与技术课程中教师演示的最佳选择

劳动与技术课程教师的演示是学生借以模仿的榜样。但受当前劳动与技术教学条件的限制，一般情况下，很难保证全班每个学生都能看清教师的演示。教师为了使每个学生都能看清楚，需要演示多遍，但又受到教学时间的限制，因此教学重点和教学难点很难突破。另外，由于劳动与技术课程是新兴事物，目前其教学资料非常少，加之劳动与技术课程的教学内容非常丰富，知识面要求非常广泛，技术性又非常强，教师除了教科书以外，几乎所有资料和材料都要自己去查找、去制作，所以，教师课前准备的工作量是非常大的。因此，运用什么样的教学手段才能很好地达到预期的教学效果，成为一直困扰劳动技术教育工作者的一个教学难题。实物投影仪的出现及时解决了这一难题。实物投影仪是目前劳动与技术课程教师操作演示时最佳的教学媒体选择。教师只要熟练地掌握技术操作步骤，上课时，就可以在实物投影仪前进行现场操作演示。学生通过大屏幕或是电视屏幕可以清晰地观看到教学演示的每个步骤。对操作的重点和难点，教师可以放慢演示速度，重点强调突出。

(二) 运用电视录像进行劳动与技术课堂教学，调动学生的学习兴趣和积极性

在劳动与技术课程教学中，教师一般需要边讲解、边演示、边指导。有些教学内容的操作技术要求比较严格，有些教学内容的操作技术教师在课堂上无法现场演示。针对这种类型的课程，教师就可以在课前将自己的操作演示用录像的形式录下来，配合解说，上课时分步播放，这样既节省时间，又便于教师进行指导。电视录像，影像逼真，接近学生生活实际，给学生以真情实感，同时又可将物品放大缩小、速度调快放慢。电视录像不仅便于教学，也有利于学生观察、记录、掌握技能，又能增加学生的学习兴趣，是最受学生欢迎的教学手段之一。

（三）以计算机网络为中心的多媒体技术在劳动与技术课程中的应用，提高教学效果

多年来，因劳动与技术课程缺乏必备的教学器材，使劳动与技术课程的教师演示大打折扣。教学中常常因为教师常用教学手段的不到位而影响课堂教学效果。随着现代科学技术成果在教学领域的广泛应用，使劳动与技术课程的教学手段得到了很好的改善。目前，教学媒体正朝着以计算机网络为中心的多媒体技术方向发展，根据劳动与技术课的教学内容，运用多媒体技术，制作多媒体课件，用于劳动与技术课程教学，使教学效果得到了显著提升。主要表现在以下几点：

1. 多媒体技术能调动学生学习的积极性

在制作多媒体课件时，可以将知识性与趣味性结合起来，通过动画、声音等教学手段来调动学生的学习积极性。

2. 多媒体技术能突出教学重点，提高课堂教学效率

教师利用多媒体展示平台，将示范操作的整个过程清晰无误地投影到学生的屏幕或者是教室的大屏幕上，让每个学生都能清晰地看到。同时，还可以将教学中的重点和难点的操作演示进行"放大"或"放慢"速度操作，展示每个细节或做特殊的艺术处理。

3. 多媒体技术可以进行模拟操作

利用多媒体计算机可以进行模拟操作，既可以节省材料，避免仪器损坏，又可以通过直观形象的模拟操作，使学生在实际操作中克服盲目性，更快地掌握操作技能。实践证明，运用多媒体计算机进行模拟实际操作，可使95%以上的学生在实践中实现正确操作，真正做到优化劳技课堂结构，提高

教学效率。

4.多媒体技术可用于远程教育

由于多媒体技术有较强的交互性，可以开发适应学生学习的多媒体软件，便于学生动手动脑。教师可以将课件发布到互联网上，远在千里之外，也可以通过计算机直接在网上浏览或下载所需的课件，使劳动与技术课的教学得以相互交流，使教师提高教学设计能力，促进教学手段的不断改革。

以上是我们介绍的几种在劳动与技术课程教学中经常运用的教学手段。在使用这些教学手段时，教师必须注意以下几个问题：

(1)教师应分清主从关系。教师要清楚了解，教学媒体在教学过程中只是一种教学辅助手段，是为教学目标服务的，是创设教学情境的需要。

(2)教师应适当地选择教学媒体。教师在使用教学手段时必须遵循宁缺毋滥的原则。教师应知道，一堂课中教学手段的运用并不是越多越好。教师应该清楚教学手段都是为教学主体服务的，教学中的主体之一就是学生，教师应重视学生的主体地位，以生为本，选择有利于学生学习的教学手段和策略，建立和形成充分发挥学生主体性的学习方式，转变学生被动的学习状态，将学生从知识技能的接受者转变为知识技能的发现者和研究者，将每一节劳动与技术课都变成学生自身知识的生成过程，促进学生主动、全面地发展。

(3)教师在教学过程中应该正确、合理地选用教学媒体，教学媒体要符合科学性、教育性、直观性、艺术性和技术可行性。媒体的组合要恰当，要与教学内容相辅相成，在恰当的时候进行展示，科学地使用教学媒体，使其在教学中能充分发挥作用，化难为易，突出教学内容中的重点和难点，深化教学效果。

第三节　劳动与技术教育课程资源开发

新一轮基础教育课程改革强调课程内容与学生生活、现代社会和科技发展之间的联系，重视学生的学习兴趣和学习经验。在实施与开发综合实践活动课程的过程中，我们应从有利于学生发展、促进学生终身学习的基本理念出发，努力开发丰富而实用的课程资源。劳动与技术教育课程作为综合实践活动课程的指定领域之一，在课程资源的开发中主要涉及以下几个方面。

一、劳动与技术教育课程资源开发的原则

(一)课程资源开发以生为本的原则

以生为本，是指以学生为课程资源开发的根本，也就是说，从学生的实际情况出发开发课程资源。劳动与技术教育课程资源的开发应根据学生的年龄特征和个别特征来确定课程的内容，要避免"成人化"和"一统化"。

在开发劳动与技术教育课程资源时，首先，应考虑学生的年龄特征。不同的年龄阶段具有不同的心理和生理特点。学生身心发展在儿童期、少年期、青年期等几个阶段各有不同。劳动与技术教育课程资源的开发应随着学生的身心发展特征而有所不同。其次，资源开发者也应考虑学生的个性化特征。即使是同一年龄阶段的学生，其身心发展也各不相同。资源开发者要了解年龄特征的一般知识，还必须具体研究不同年级学生的特点和同一年级中不同学生的特点。由于个人的家庭、社会影响、个人经历的不同，每个人的身心发展都有各自的特殊性。课程资源开发者在开发课程资源时，要做到因人而异，使课程资源符合学生的身心发展特点。

(二)课程资源开发的基础性原则

劳动与技术教育是基础教育阶段学生劳动与技术能力培养的基础，也是学生终身发展的基础。因此，在课程资源开发过程中，必须注重学生劳动与技术方面基础能力和基本态度的培养，应以体现教育的普及性、基础性，服从且服务于全体学生的全面发展、主动发展、生动活泼发展为根本出发点。

(三)课程资源开发的综合性原则

我们在开发劳动与技术教育课程资源时应注意劳动与技术教育各个实施途径的沟通与结合，劳动与技术的课堂学习要与课外活动、常规指导、社

会实践、家庭教育等途径相沟通、相结合，以实现其教育目标。课程资源的开发应把综合实践活动课程内各领域的学习活动统筹规划、有机协调，如公益劳动可与社区服务结合起来，职业了解可与社会实践相结合，技术初步的学习可与研究性学习相结合等。同时还应将劳动与技术教育中的技术初步、家政、职业了解等几方面内容相互渗透和融合，如技术学习与家政学习的整合，在职业了解过程中注意职业活动中的技术特征，在技术初步学习、家政、职业了解的过程中注重学生的劳动体验等。

(四) 课程资源开发的科学性原则

劳动与技术教育课程资源的开发应充分考虑学生的生理、心理发展水平和年龄特征，注重各年龄段在教育内容上的衔接和在教育方式上的协调。有条件的地区应充分利用各种教育资源进行活动设计、开发教学软件，把计算机辅助教学引入劳动与技术教育，加强计算机在技术设计学习上的应用。

(五) 课程资源开发的实效性原则

劳动与技术教育课程资源的开发是有一定条件要求的，而各地的现有条件和资源优势又千差万别。[①] 因此，应从本地区、本校的实际情况出发，从教育的实际效果出发，选取内容，确定方式，安排实施计划，真正体现课程资源开发的实效性。在实现基本目标的前提下，尽可能地发挥各地资源优势，形成本地区、本校劳动与技术教育的传统和特色。

二、劳动与技术教育课程开发的目标

现行课程标准规定劳动技术课程的教学目的是：培养学生正确的劳动观点、热爱家乡和热爱劳动人民的思想感情，养成良好的劳动习惯。使学生初步掌握一些生产劳动的基础知识和基本技能。具有生活自理能力和从事简单生产的能力，为适应现代社会的工作和生活需要，打下初步的基础。同时强调在教学实践中要注意加强培养学生的艰苦奋斗、遵纪守法、关心集体、认真负责、团结协作、珍惜劳动成果等优良品质。

---

① 陆卫平. 劳动与技术教育中合作学习模式的构建 [J] 小学科学 (教师版)，2020(2): 170.

新一轮基础教育课程改革在现行课程标准的基础上对劳动与技术教育课程资源的开发进行了拓展，《劳动与技术教育实施指南》对其课程资源的开发目标提出了以下几个方面的要求。

（一）认识劳动世界，理解劳动意义，形成正确的劳动观点和热爱劳动的思想感情

《劳动与技术教育实施指南》要求学生在教师的指导下，通过技术实践活动，丰富自己的劳动体验，形成对劳动的初步认识。通过劳动与技术教育实践活动，培养学生认真负责、遵章守纪、团结互助、爱护公物以及爱惜劳动成果的品质，养成良好的劳动习惯。

（二）拓展生活中的技术学习，注重生活中的技能学习，学会生活自理，形成积极的生活态度

《劳动与技术教育实施指南》要求学生应该在掌握生活必备的技术基础知识与基本技能的基础上拓展生活中的技术学习，学会生活自理。建立生活中的主体意识，形成积极的生活态度。

（三）主动进行技术实践，掌握现代生产必备的技术基础知识和基本技能

《劳动与技术教育实施指南》要求学生在教师的指导下认识日常生活和周围环境中的常见材料，学会使用基本的劳动工具。在工业方面，应了解设计与制作的基本程序和方法，并进行简单的工艺品和技术作品的设计与制作。在农业方面，应了解作物生长和农副产品生产与销售的一般过程，掌握简单种植、饲养的一般方法。另外，教师应把劳动与技术教育和信息技术教育相联系，使学生走进信息技术大门，学会运用计算机进行简单的信息处理。

（四）发展技术学习兴趣，初步形成从事简单技术活动和进行简单技术学习的基本态度和能力

《劳动与技术教育实施指南》要求教师应保护学生与生俱来的好奇心，

指导学生关注身边的技术问题，形成亲近技术的情感，具有初步的技术意识。教师应注意知识的综合运用，拓展学生技术学习的视野，使学生初步形成与技术相联系的经济意识、质量意识、环保意识、安全意识、伦理意识、审美意识以及关心当地经济建设的意识，发展可迁移的共通能力。学生应了解从事技术活动必须具备的品格与态度，能够安全而有责任心地参加技术活动，初步具有与他人进行技术合作、技术交流的态度与能力。学生通过体验和探究，学会进行简单的技术学习，初步形成科学的精神与态度及技术创新的意识，具备初步的技术探究能力。

（五）关注职业领域，增进职业认识，形成初步的职业选择意向和初步的创业意识

《劳动与技术教育实施指南》要求学生在教师的指导下应关注日常生活中成人的职业角色，初步了解社会的职业分工，了解职业与技术、社会、人的发展的联系，培养学生初步的职业意识和创业意识。《劳动与技术教育实施指南》和现行课程标准都提倡学生认识劳动世界，让学生在劳动实践中学习技术，提高能力，形成正确的劳动价值观和良好的劳动习惯，培养学生的实践能力和创新精神。但是，从《劳动与技术教育实施指南》对学生的要求可以看出，新一轮基础教育课程改革对劳动与技术教育课程资源的开发提出了新的要求，突出了对技术教育的学习和探究；在学习方式上，也强调以学生参与项目活动为主要形式，应与研究性学习、社区服务与社会实践、信息技术教育等领域结合起来；在活动类型的选择上，强调给学生创设各种经历、各种体验、各种感受的机会，使学生的劳动与技术的学习过程成为一个丰富多彩、生动活泼、充满乐趣的过程；在教学目标的设计上，注重学生的劳动实践和技术实践的体验性目标，尽管劳动与技术教育课程具有一定的知识体系，但总的来说，其课程开发资源的根本目标还是应该侧重于体验性目标。

三、劳动与技术教育课程资源开发的主要内容

劳动与技术教育课程的主要内容应从社会需要出发，立足学生所处的现实环境，根据学校的教学条件和学生的年龄特点，选择学生日常生活中最基本、最常用的技术项目，使教学内容具有时代性、生活性的特征。课程内

容的选择既要考虑教师教学任务是否能够完成，又要考虑内容是否具有先进性的特点，更要考虑学生是否有接受课程内容并把这些知识理论应用到实践中去的能力。在对我国一些综合实践活动课程试验区进行考察、调研、分析后，有专家认为：劳动与技术教育的教学内容"要立足学生所处的现实世界，注重教育内容的生活取向。一般以当地的经济、社会和技术环境为背景，选择对学生发展有益、对未来生活有用、与科技发展趋势有关的内容，作为核心来组织和实施学生的学习活动"。劳动与技术教育是一门实践性强的学科，课程内容还应具有开放性和选择性。劳动与技术教育的课程内容既强调对基础知识的综合运用，培养学生综合运用各种知识的能力，又强调各种教育资源的有效开发和利用，培养学生在已有的经验基础上去探究新的技术原理，获取新的技术能力。学生在实践活动中既可以形成积极的生活态度，又可以通过体验探究，掌握基本技术的学习方法，形成一定的科学精神、科学态度以及对技术的创新意识，具有初步的技术探究、解决日常生活中简单技术问题的能力和对技术探究的终身学习的能力。当然，在组织和实施劳动与技术教育主要内容时，安全问题是不容忽视的，学校在对劳动与技术教育课程的组织和实施时，应尽量选择没有危险性的教学内容加以实施。

（一）内容要求

在选择劳动与技术教育课程的主要内容时，其基本要求简要介绍如下：

（1）立足现实。所选择的内容应与当地的生产实际、社会实际和学生的生活实际紧密联系，体现一定的地方性特色和区域性特征。

（2）贴近学生。所选择的内容能激发学生的学习兴趣，与学生的年龄特征和已有知识基础相适应。同时，教学内容又应具有挑战意义。

（3）便于教学。所选择的内容应有利于学生主动地进行观察、设计、操作、评价等学习过程，有利于集体活动中的教师指导。

（4）体现综合性。所选择的内容与各学科知识的联系，有利于多方面教育内容的整合和学生综合视野的形成。这些内容具有广泛的生长点，有利于内容的横向沟通和纵向联系。

（5）涉及的材料应安全、经济，所选择的教学材料应具有简洁、轻便、易于采集、成本低廉、便于重复使用、安全可靠等特点。

（二）内容安排

劳动与技术教育内容主要包括技术初步、家政、职业了解等方面。其中，技术主要是使学生通过初步的技术学习，形成包括材料认识、工具使用、简单设计、简易制作、简单评价等在内的基础能力以及基本的计算机信息处理能力，内容包括纸塑、手缝、泥塑（可选学两项）以及信息技术，并可在小木工、小金工、种植、饲养、编制、电子制作等项目中选学两项。

劳动与技术课程所安排的内容可分为基础性内容和拓展性内容。基础性内容是对学生进行劳动与技术教育的基础，是必修内容；拓展性内容在广度和深度上均有一定的发展，同时对实施条件也有相对较高的要求，是为部分地区、学校和学生在实现基本目标的基础上达到较高要求而提供的选择性内容。

《劳动与技术教育实施指南》的编制者考虑到我国各地自然状况、经济发展、教育条件的不平衡性，有些内容的安排呈现开放性特征。学校和任课教师在选择和确定课程具体内容时，必须考虑以下几点：

（1）这些内容来源于现实生活，体现一定的地方性特色和区域性特征。

（2）这些内容能激发学生的学习兴趣，是可感的、易于操作的，同时又是富有挑战性的，与学生的年龄特征和已有的知识与经验水平相适应。

（3）这些内容有利于观察、设计、操作、评价、交流等学习过程的展开，有利于学生主动学习。

（4）这些内容与各学科知识的联系，有利于劳动与技术教育多方面教育内容的整合，有利于学生多方面的能力迁移和综合实践能力的提高。

（5）这些内容所涉及的材料应当简洁、轻便、易于采集、成本低廉、便于重复使用、安全可靠，又有利于教师的集体指导。

下面是对劳动与技术教育课程主要内容的具体安排。

（1）技术初步：①通过调查、比较、试验等活动，认识各种常用材料及其不同用途，体会材料对技术、对人类的意义。收集和观察生活中的自然材料，讨论和分析材料的特性，能用不同的标准对材料进行分类。学会正确处理一些日常生活中的废旧材料。知道纸质类、木质类、金属类、塑料类等材料中一些常见易加工材料的性能和用途，会使用一些黏合材料和连接材料进行部件连接。能够根据材料的用途和性能价格比，进行材料的比较和选择。②通过测量、绘图、材料加工等活动，学习使用一些常用工具。知道常见的简单工具的名称及用途，会根据不同的材料、不同目的选择工具，会使用一些常用量具。会使用常见的农用工具，能识别常见农用机械。会用一些常用工具对纸质类、塑料类易加工材料进行画线、折叠、剪切、挖孔，或对易加工木质材料进行打孔、锯割、整形和磨光，或对金属丝、金属薄片等易加工金属材料进行展直、剪切、弯折等。③认识一些简单图样，并用图样进行简单的作品设计，发挥想象力和创造力。能看懂加工图样中的剪切线、折叠线、粘贴面等符号，能理解简单的外观图、实物图、操作示意图，会看简单的实物图。能在教师指导下确定设计与制作的作品主题，并通过合理的构想进行作品结构及其制作过程的具体设计。能用草图或语言来表现作品的构造、制作过程和设计思路，能在讨论的基础上改进设计思路、制作计划。④进行简易作品的制作，并做必要调试，培养严谨、负责的科学态度。能根据说明书进行简单玩具的拼装与制作，或根据制作要求和操作示意图进行纸、木模型的制作。能根据自己的设计计划选择材料和工具，制作成作品，必要时进行相应的调试。能利用当地的自然材料设计并制作工艺品、旅游工艺品，收集并利用生活中的废旧材料进行工艺品的安全制作。能根据制作要求和操作示意图进行简单机械模型、橡皮筋动力模型的制作与调试。⑤通过观赏、讨论、测试等活动，对作品进行简单评价，形成初步的技术作品鉴赏能力。就作品设计与制作中的合理性、独特性和创造性作出简单评价。能对作品的制作过程、工作环境作出简单评估。就作品经济、质量、环保、审美、安全、耐用等方面作出简单评价，能设计和制作简单的作品说明书和宣传材料。⑥通过简单的纸塑、手缝、泥塑等作品的设计、制作及评价活动，了解简易手工制作的一般过程，掌握相应的制作方法，体验劳动的可贵和创造的愉悦。知道纸塑作品的基本材料和日常应用，掌握刻纸、剪纸的基本方法，能设计和制作几种纸质工艺品和纸塑作品，并作出评价与说明。能使用常用针法缝制简单的布艺品，能设计和制作手缝工艺品，并做出评价与说明。知道泥塑工艺基本材料的特性以及基本工具的使用方法，掌握泥塑加工的基本技法，能设计和制作简单的泥塑工艺品，并作出评价与说明。⑦通过种植、饲养及农副产品的市场调查等活动，学会简单种植、饲养的一般方法，了解农副产品的一般生产和销售过程，获得积极的劳动与技术的感受。种植1~2种常见作物、果树、花卉，记录生长和栽培过程，知道栽培作物的水、土、光、肥的一般管理方法；学习1~2种作物、果树、花卉的繁殖方法，进行一项改良作物、果树、花卉品种的小实验。饲养1~2种常见小动物，记录饲养和生长过程，知道养殖动物的饲料配制及管理要求，对所饲养的小动物进行简单的训练试验，了解训练方法。了解1~2种农副产品的生产、储藏、保鲜和销售过程。了解一些现代农业技术(生物治虫、无土栽培、节水灌溉、人工温室等)。⑧了解信息技术的基本知识，学习运用计算机进行一般信息处理，初步领悟技术的神奇魅力和对人类生活所带来的变化。了解信息技术基本工具的作用，了解计算机各个部件的作用，掌握键盘、鼠标器的基本操作。掌握操作系统的简单使用方法，能熟练地进行汉字输入，会进行文件和文件夹(目录)的基本操作，能使用计算机绘图工具进行图形的制作、着色、修改、复制、组合。掌握计算机文字处理的基本操作，能在计算机上进行文章的编辑、排版和保存。了解网络的简单应用，会用浏览器收集材料，会使用电子邮件。能用计算机制作简单的多媒体作品。

(2)家政：①学习简单菜肴制作，并做简单评价，体验生活学习所带来的快乐。能说出常见食品的种类，能分辨食物的生熟和鉴别变质食品。在家长的指导下，亲身经历买菜(采菜)、择菜、洗菜的过程，学习使用常用炊具和做简单的饭菜，能制作2~3道简单的菜肴，并做简单的评价。②了解物品洗涤的基本常识，学会清洗衣物器皿，形成良好的习惯。能使用常用洗涤用品进行一些器具和小物件的清洗，并注意洗涤安全。能辨认常见纺织品的标识，能在家长指导下进行一般衣物的洗涤、晾晒和折叠。具有水资源保护的意识，形成节约用水的良好习惯。③学会使用家用电器，增强安全意识。了解安全用电的基本常识，养成节约用电的习惯。会阅读简单的家用电器说明书，掌握收音机、录音机、电视机、电风扇、洗衣机、电冰箱、空调等家用电器的一般使用方法。④通过调查、讨论、购物等活动，形成初步的消费与理财意识。初步认识货币的意义，学会管理和合理使用零花钱。参与家庭的购物活动，懂得"货比三家"。了解家庭的收支项目，形成初步的消费与理财意识。

(3)职业了解：①通过参观访问、查阅资料等活动，初步了解职业。关注日常生活中成人的职业角色，能说出职业的简单分类，能识别一些不同的工作岗位，了解其工作流程。知道职业与技术、社会、人的成长发展的联系。②通过讨论和思考等活动，产生初步的职业意识和创业意识。知道学业与职业的联系，能说出 1～2 个创业案例，萌发初步的创业意识。

四、劳动与技术教育课程资源开发中基地的建立

劳动与技术教育资源的开发者应因地制宜地安排与落实劳动与技术教育的专用教室或场所。专用教室的建设应尽可能考虑到功能的整合，考虑使用现代教育技术手段。专用教室应配备基本的仪器、设备、工具，同时要配备必要的安全防护设施（如医药箱、灭火器、安全用电设施等）。专用教室既是劳动与技术的学习场所，也是劳动与技术教育成果的展示场所。因此，要充分利用专用教室的墙面、园地和陈列橱窗，进行富有劳动与技术教育价值的方案设计，使学生受到潜移默化的影响和教育。

应当多渠道解决劳动与技术教育的设施、设备、仪器、工具的配置问题。设施和设备要登记造册，专人维护和保养。在使用前，一定要进行安全检查。

有条件的地区可以建立劳动与技术教育"中心"或基地。"中心"或基地的建设应当注重项目结构的优化，注重多方面功能的良好发挥，应当以服务教育教学、促进学生健康发展为宗旨，并不断提高管理水平和教育效益。

新一轮教育课程改革已经实行了几年，还将继续进行下去。这就为我们进一步推进劳动与技术教育的发展，提供了一个非常好的机会和载体，我们应充分利用这个机会，促进各地劳动技术教育再上一个新的台阶。为基层教育教学服务，为素质教育的真正实现贡献我们的力量。

劳动与技术教育是基础教育阶段素质教育的重要内容和组成部分，是实施教育的重要手段和独特载体，具有其他学科不可替代的育人功能。劳动与技术教育是以操作性、实践性为主导的学习方式，以培养学生正确的劳动技术意识和创新思维能力为目的的一种教育行为。劳动与技术教育强调学生动手与动脑相结合，在实践操作中培养学生的创新精神和实践能力，是学生终身学习和持续发展需要的基础教育之一。劳动与技术教育的实施，对于学生的成长来说，本身就是一个社会化的过程，所以劳动与技术教育也是素质

教育的一个重要实施过程，符合当今社会发展的趋势和要求。因此，我们应沿着课程改革的道路继续研究和探索更适合社会生产和发展的劳动与技术教育。

在综合实践活动中，劳动技术教育与其他学习领域相比，具有很强的学科建设基础，它本身就是基础性的综合实践活动。"以劳辅德，以劳增智，以劳健体，以劳益美，以劳促创新"，这充分体现了目前所形成的综合实践活动课程中劳动与技术教育的地位和作用。我们相信，不久的将来，通过广大教育工作者的共同努力，劳动与技术教育将在社会生产和生活中发挥越来越重要的作用。

结束语

　　"科学技术是经济社会发展的一个重要基础资源，是引领未来的主导力量，实现现代化，关键是科学技术现代化。"现代社会不仅需要大量的"金领""白领"，还需要数以万计的高素质"蓝领"。要培养这样的高素质人才就必须加强学生技能培训课程建设，满足学生技术培训的要求，这也是历史赋予教师的神圣使命。与此同时，学生的管理效果直接影响教学工作与校内其他工作，只有做好学生管理工作，其他工作才能顺利开展，因此提升学生管理效率的重要性不言而喻。随着时代发展，不同阶段学生性格特点有所不同，因此，不能一味采用传统管理方法开展学生管理工作，应结合学生特点，学生管理工作效率才会提升。因此，本书针对学生技能培训与学生管理提出了以下几点建议：

　　（1）丰富学生技能培训方式。由于各学校在课程设置上偏向于理论化课程知识的教授，实践技能知识方面的培训效果不如有关企业具有科学合理的规范化体系。因此相关学校在引导学生进行学生技能知识培训时，不妨借助相关企业的科学化培训体系，建立联合培养的人才培育模式。所谓的"联合培养模式"，指的是学校负责理论化课程的知识教学，企业负责技术实践培训方面的教学。学校和企业采用双导师制度，引导学生先进行理论化课程知识的学习，当学生学习完毕后，再通过企业导师的专业引导进行职业技能实践与训练。

　　（2）对学生技能培训课程科目设置进行规范。由于学生技能培训课程处在探索和开发阶段，学校想要达到学生通过职业技能培训课程的学习，获得职业技能知识水平的提升以及实践经验的积累，使其在未来的工作过程中能够尽快适应社会工作环境、高效完成各项工作任务，就应当针对现阶段的社会实践情况进行学生技能培训课程的科目设置与选择。当然，很多学校的有关课程开设虽然较为贴合时代的发展境况，学生能够通过相应课程知识的学习，提升自身的就业竞争力，但相关课程的开设并没有立足学生自身的学习基础。有关学校领导在进行职业技能培训课程的科目设置时，不单单需要力求相关课程知识与社会发展潮流相贴合，还需要使得相关课程知识与学生自身的学习实际相结合。只有如此，学生在进行有关职业技能培训课程学习时，才能获得更好的学习效果。

（3）树立管理创新、质量创优的思想。在实施管理工作的过程中，应该始终将质量放在首位，强化对学生的质量教育，任何工作都不能只注重形式、不注重质量，要严格把控管理工作的质量要求。此外，管理人员需要区分好管理和服务的具体功能，在对资源进行管理的过程中，做到有章可循、有理有据，避免出现资源浪费的现象。在执行管理工作中应尽可能地保持冷静的头脑，实现科学的管理。

（4）建立符合新时代的规范化管理模式。目前学校的教育体制和管理工作与时代发展有些脱节，所以建立适合新时代发展要求的规范化管理模式尤为重要。首先，在实施管理工作的过程中要走继承和发展的道路，既要继承执行原有的学分制度，又要探究管理模式与教育制度之间的结合点，推出新型的管理模式。其次，在管理工作中不能忽视对学生的思想品德教育，可以在知识教育过程中有机地融合德育教学内容，加强学校学生的思想道德建设，逐渐培养学生良好的品德品行。最后，对学生的管理工作必须符合新时代的发展趋势，在人和物的工作处理中做好分享与互通。

（5）建立多元化学生管理体系。学校对学生管理，可以采取多元化的管理手段，实现多功能的服务模式，提高服务效率。针对不同学生存在的个体差异，应当从实际情况出发，采取不同的管理措施。将管理与服务有机结合起来，实现两者的互通，在管理的同时发挥服务功能。

综上所述，本书对学生技能培训与学生管理的理论与实践的应用进行了深入研究，对学生技能培训与管理提供了理论依据，为未来学生技能培训与管理提供了实践依据。

参考文献

[1] 成尚荣. 校园 e 时代：信息技术应用案例解读 [M]. 南京：江苏教育出版社，2003：11-13.

[2] 李克东. 多媒体技术教学应用 [M]. 北京：电子工业出版社，1996：22-25.

[3] 顾建军. 普通高中课程标准实验教科书·技术与设计 1[M]. 南京：江苏教育出版社，2009：44-47.

[4] 沈琳. 国外信息技术教材分析及单元教案设计研究 [D]. 上海：上海师范大学，2012：33-35.

[5] 王大武，张权科. 浅谈中学信息技术课程中人工智能的教学 [J]. 实验教学与仪器，2018(2)：42.

[6] 薛靖. 人工智能背景下中学生信息技术教育浅析 [J]. 科技经济导刊，2018(18)：148.

[7] 黄盈. 基于学生主体性的信息技术教育研究 [J]. 魅力中国，2021(16)：338.

[8] 李诚. 利用信息技术促进学生心理健康教育 [J]. 小学科学 (教师版)，2021(4)：161.

[9] 张国良. 利用信息技术，提高学生安全教育实效性的实践 [J]. 新课程，2020(45)：1.

[10] 肖丽宏. 探究中学信息技术教育中学生创新能力的培养 [J]. 新教育时代电子杂志 (教师版)，2019(17)：88.

[11] 庄水管. 信息技术教育教学中培养学生的创新能力 [J]. 名师在线，2018(3)：80-81.

[12] 焦志桥. 浅析信息技术教育与创新人才培养策略 [J]. 中国校外教育，2017(31)：165-166.

[13] 欧少平.探究中学信息技术教育中学生创新能力的培养 [J].科技创新导报，2017(10)：236-238.

[14] 邹荣.浅析中学信息技术教育中学生创新能力的培养 [J].求知导刊，2014(5)：115.

[15] 宋丙良.抓学校信息技术教育，促学生健康快乐成长 [J].中国校外教育，2019(35)：168.

[16] 赵晴.学生心理健康教育与信息技术整合的思考 [J].现代职业教育，2018(33)：203.

[17] 陈惠.中学生心理健康教育与信息技术整合的思考 [J].成才，2017(8)：29-30.

[18] 冉中元.中学信息技术与心理健康教育整合初探 [J].快乐阅读，2016(4)：14.

[19] 王春雨.新时代语境下高校美育课程创新性探究 [J].大众文艺，2022(2)：142-144.

[20] 孙露.信息技术教学中培养学生的创新能力 [J].中外交流，2017(15)：214.

[21] 朱广萍.信息技术课堂中培养学生创新能力的因素 [J].中国信息技术教育，2017(13)：25-27.

[22] 谢罗生.在信息技术课中培养学生的创新能力 [J].信息与电脑，2017(7)：227-228.

[23] 隋邦刚.浅析高中信息技术教育中学生创新能力的培养 [J].新课程（下），2018(12)：131.

[24] 陈虎.试论信息技术教育教学中培养学生的信息安全意识 [J].学周刊，2019(26)：103.

[25] 杨巧荣.浅论在高中信息技术教育中如何提高学生的信息技术素养 [J].新课程（下），2018(12)：176.

[26] 布阿依先木·吐尔逊.基于互联网时代的高中信息技术素养教育研究 [J].魅力中国，2018(7)：254.

[27] 张亚芳.高中信息技术教育与学生信息素养的培养 [J].小作家选刊，2017(17)：233-234.

[28] 卜娟芳."互联网+"背景下高中信息技术教育与核心素养融合探析 [J]. 中国教育信息化·基础教育,2018(2):61-63.

[29] 李加奎."互联网+教育"时代高校教师与学生管理工作协同发展研究 [J]. 体育世界：学术版,2019(3):2.

[30] 李辉. 互联网思维对高校学生管理的影响及运用 [J]. 视界观,2019(15):1.

[31] 杨婷婷."互联网+"背景下高职学生管理工作的思考 [J]. 现代职业教育,2019(15):2.

[32] 张红玲."互联网+"背景下高校学生管理工作创新改革研究 [J]. 科技资讯,2020(7):2.

[33] 刘岩,赵楠. 基于"互联网+"思维的应用型高校学生档案管理创新的路径 [J]. 职业技术教育,2017(14):3.

[34] 潘中祥. 基于互联网思维的高校学生管理工作路径转型 [J]. 高教探索,2019(2):5.

[35] 杜振中. 高校运动信息管理系统在计算机视域下的设计与实现研究 [J]. 现代电子技术,2020(24):105-109.

[36] 张炜斌. 高校学生信息管理系统的设计与实现 [J]. 信息与电脑(理论版),2020(21):82-84.

[37] 武斌. 学生实习信息管理系统设计与实现 [D]. 太原：太原理工大学,2020.

[38] 杨众. 高校学生信息管理系统设计与实现 [J]. 信息技术与信息化,2020(8):53-55.

[39] 刘伟,付元礼,黄辛迪,等. 大学生学科竞赛管理系统的设计与实现 [J]. 电脑知识与技术,2020(17):25-27.

[40] 张店荣. 培养学生自主管理能力的内容、方法和途径研究 [J]. 学周刊,2018(9):95.

[41] 郑志霄. 浅析学生自我教育·自我管理能力的培养 [J]. 河北农机,2017(12):72.

[42] 刘玉红. 寄宿制小学学生自主管理能力的培养 [J]. 学周刊,2017(8):15.

[43] 杨志强.基于互联网思维的大学学生管理工作 [J].山西青年，2022（12）：151-153.

[44] 毛伟.浅谈中等职业学校学生的管理工作 [J].读与写，2022（26）：16-18.

[45] 李云.基于 Vue 框架开发的学生管理系统 [J].数字通信世界，2022（3）：50-53.

[46] 王国霞.基于 B/S 架构的学生管理系统开发 [J].新一代信息技术，2022（1）：54-57.

[47] 林艺勇.大数据背景下的高校学生管理工作分析 [J].山西青年，2022（12）：130-132.

[48] 孙璐.高校基层学生管理工作中廉政风险防范措施 [J].江苏经贸职业技术学院学报，2022（4）：29-31.